古代国家の土地計画

条里プランを読み解く

金田章裕

吉川弘文館

はじめに

本書の目的は、古代日本の土地計画について、とりわけ農地の土地計画について、古代寺院領と条里プランを中心に検討を進めることにある。条里プランの編成過程を解明することによって、古代日本のほぼ全域の平野に及んだ土地計画の具体像に迫りたい。条里プランは古代を代表する土地計画であったのみならず、中世以後の日本の耕地の在り方の基礎ともなった条里地割を展開させた土地計画でもあった。

本書では、条里プランの編成と完成の過程について、またその過程で発生した問題点について検討を加えたい。これらには古代寺院領が関わっていることが多く、条里プラン導入の契機や、その担当者にも注目することが必要となる。それによって、条里プランの完成過程について、出来るだけ具体的に説明するよう試みたい。

人間が生活を展開する土地には、現実に目に見える区画や境界があるかないかは別として、さまざまな単位があり、それを土地区画と呼ぶことができる。農耕であれば、水田や畑の所有や耕作の単位が土地区画となる。牧畜の場合でも、放牧地の区切りの柵などがこれにあたることになろう。それらの土地区画を一般的に定義するとすれば、「土地所有または土地利用の結果生じた土地の範囲、あるいはそれらのために設定された範囲」とでもなろう。とすれば土地計画とはそのような「土地区画群の全体」であり、時には「理念や構想を含めた」ものであると表現することができよう。本書が対象とするのは、このような意味での土地計画である。

日本古代では、『日本書紀』改新の詔に「凡《およ》そ畿内、東は名墾横河《なばりのよこかわ》より以来、南は紀《き》伊兄山《いのせのやま》より以来、西は明石櫛淵《あかしのくしぶち》より以来、北は近江《おうみの》狭々《ささ》波合坂《なみのおうさか》より以来を畿内国となす」と、畿内の範囲を東西南北の地点によって設定していることがよく知られている。これを地図上に示してみると、孝徳朝の難《なに》波長柄豊碕宮《わのながらのとよさきのみや》から半径五〇キロメートルほどの範囲を、四至（東西南北の地点）で表示したものとみられる。

難波長柄豊碕宮の次に都となった近江大津宮の場合も、新たに設置された愛発《あらち》・不破《ふわ》・鈴鹿《すずか》の三関と『日本書紀』天智朝の記事に多出する高安城を、これに類する四至と見立てるとすれば、やはり同規模の広がりを畿内として構想していたとみられることになる。

このような四至による畿内設定が、畿内国という地域を単位とした設定に転換したのは、天武天皇四年（六七五）のことであり、大倭《やまと》（大和）・山背（城）・摂津・河内の四ヵ国がそれであったことは繰り返すまでもない。このように、国という地域単位が政治・行政の単位として設定されたころが、古代の土地計画についても大きな転換期であった。日本における律令国家の土地計画が具体的に展開し始めた時期であろう。

古代の土地計画としては、方格状の都市計画がよく知られている。天武天皇の時期に構想され始め、次代の持統天皇の時期に成立してその六年（六九二）に遷都した藤原京が、方格状の典型的な都市計画の出現であったと考えることができる。藤原京という計画的な都市として出現した方格状街路の都城は、律令国家の土地計画の大きな特徴でもあった。次代の平城京（七一〇―七八四年）も形態・構造としては方形・方格の土地計画を基本としていた。この方形・方格の都市計画は、多少の変化を示しながら長岡京へ、さらに平安京へと引き継がれた。

この間、八世紀中ごろから整備が進んだと考えられている国府《こくふ》は、かつて都城のミニチュア型の都市計画を有していたと考えられた。しかし実際に発掘調査で知られる国府の遺構は、外郭が方形を示しているとか、方格状街路で構成されているといった形態を示してはいないことが判明した。平面的に見れば、国庁を中心としていくつもの官衙《かんが》や国司の館などが交通路で結び着いた構造を示していたとみられる。この構造の中心は国庁であり、そこから南へ伸びる交通路が軸となった南北中軸型や、国庁前面の東西方向の交通路を軸とした東西中軸型、あるいは国庁を中心として官衙が一定範囲に分布する外郭官衙型とでも呼ぶことのできるような、各種の形態と構造が知られている。このような国府では、官衙や施設、あるには屋敷や住居が密集している形態ではなかった。このような形態と構造の国府は、市街地が集中している典型的な都市のイメージとは異なった、「市街不連続・機能結節型」の都市とでも表現されるべきであろう。つまり、官衙や屋敷などの施設が密集しておらず、市街が分散的に展開し、それらが交通路で結びついている構造の都市である。

国府ではないものの西海道の中心都市であった大宰府《だざいふ》は、典型的な方形・方格の形態を有する地方都市として知られていた。しかしこれもまた、その形態の成立が、藤原純友《すみとも》の乱による焼亡の後における、一〇世紀中ごろの復興によるものと判明した。つまり国府と同様に、八世紀には市街不連続・機能結節型の都市であった。

さて畿内の国は、天武天皇四年の四ヵ国から和泉が分置されて五ヵ国へとなり、後に「五畿」と呼ばれることが多くなった。畿内から四周へは東海・東山・北陸・山陰・山陽・南海の各道と西端の西海道からなる「七道」が設定された。各道は国々の集合からなる領域名であると同時に、宮都からそれぞれに延びる官営の道路（官道あるいは駅路）の名称でもあった。『日本書紀』には、すでに「駅馬・伝馬」のことが見えるが、律令では「廐牧令《きゅうぼくりょう》」において、「毎㆓卅里㆒置㆓一駅㆒」と、三〇里（約一五キロメートル）毎《ごと》に駅を設定することを定め、大路（山陽道）に駅馬二〇疋、中路（東海・東山道）に一〇疋、小路（それ以外の四道）に五疋を配置し、また伝馬を郡ごとに五疋配置すると定めていた。駅には「駅長・駅子」が設定されて任務にあたり、駅・伝馬の利用規定も定められていた。駅の建物遺構が検出された例もあり、小規模ながら官衙的構造であったことが知られている。

これらの官道の多くは、平野部では直線道であったことが判明しており、丘陵部などでは切通しをこしらえている例がしばしば確認されている。これらもまた、古代の土地計画の主要な要素の一つであった。山陽道はじめ東海道や東山道など、大路や中路では幅一二メートル程度で検出される例が多く、小路でも六メートル程度であった例がいくつも確認されている。

『延喜式』に記載された時期の官道網はよく知られているが、発掘調査の結果知られたいくつかの例を除き、八世紀頃の様相が体系的に知られているわけではない。ただし八世紀から一〇世紀にかけて、多くの改変があったことは判明している。例えば南海道では、四国を一周する周行パターンから、直交ルートと支路を組み合わせたパターンへと変化した。『延喜式』の駅路のように、讃岐を東西に縦貫して伊予へ向かう官道において、途中から分岐して南の土佐へ向かう短絡路によって構成されるパターンへの変化である。北陸道でも、近江国からまず若狭国へ入って越前国へと連続的に向かうルートから、先ず越前国へ入った後で北へ向かう官道において、これから分岐して若狭国へと向かう短絡路を伴うパターンへと変わったことが知られる。

このような官道もまた古代の土地計画の重要な一部であった。ただし官道については、すでに多くの研究書や概説書が公刊されているので、本書ではこれ以上は官道に入り込まないこととしたい。

律令国家の首都であった平城京などの都城は、すでに述べたように、方格状の街路パターンがとりわけ特徴的であった。八世紀末に建設された平安京も類似形状の方格状街路からなり、いずれも古代の典型的な都市計画を示す。その市街を引き継ぐ京都では、現在も碁盤目状の街路が卓越することはよく知られている。

古代では、このような方格状の都市計画とともに特徴的であったのは、農地の土地管理が「条里」と呼ばれる方格網を基準としていたことであった。この土地管理法は、条里地割と呼ばれた農地を画する方格網の展開に結びつき、機能を変遷しつつも、地割形態としてはむしろ時代が下がるほど広く展開した。すでに冒頭で述べたように、条里地割は日本の主要な平野部の典型的な地割形態となった。

例えば平城京があった奈良盆地では、水田の地筆群を画する一辺一町（約一〇九メートル）の方格状の土地区画（一区画の面積が古代の一町＝約一・二ヘクタール）が広がっている。条里地割と呼ばれているものがこれである。日本全体で圃場《ほじょう》整備事業が展開して、土地区画の規模と形状が一変する以前には、日本の平野の各地に、広くこの条里地割が展開していた。これらの地域では、土地の所有や利用は、ずっとこの条里地割に規定されてきた。典型的な場合には、古代の土地計画が現代の土地所有の在り方を規定し、さらに現代の土地計画にまで大きく影響を及ぼしてしているのである。

本書は、古代の土地計画、とりわけそれを特徴づける条里と呼ばれてきた方格状の土地計画について、その成立過程や実態を具体的に述べようとするものである。この土地計画がどのようにして成立し、それがどのような機能を果たしたのか、またそれがどのように展開し、どのように変容したのかを検討するのが本書の目的である。条里は、古代律令国家の代表的な土地計画であった、これについてはすでに多くの研究があり、筆者自身もいろいろな角度から論究してきた。本書では改めて、古代の土地計画を特徴づける方形・方格の土地区画とそれによる土地管理の具体的な様相に迫りたい。条里に代表される、古代の土地計画が成立した時期の前後において、その成立と展開に大きくかかわり、またこれに大きな影響を与えた古代寺院の寺領について、特に注目して検討を加えたい。この検討に際しては同時に、「班田師」や「校田使」、とりわけ「竿師《さんし》」の役割についても注意を払いたい。

さて、この条里と呼ばれてきた方格網を軸とした土地計画を、すでに冒頭で述べたように、「条里プラン」と述べた。詳細は改めて説明するが、この条里プランが完成する時期の前後に展開していたのが、いくつかの有力な古代寺院の寺領荘園であった。これらの寺領には、八世紀中ごろにおける条里プランの成立以前に設定され、条里プランが完成すると、それによって寺領の所在が表示された例の多かったことが知られる。またその過程において、土地管理の制度との間において、いろいろな問題が発生した場合もあった。これらの寺領荘園をめぐる状況を追跡することによって、条里プランの成立過程やその実態に迫ることができるのではないかと期待したい。

このために本書では、まず八世紀の代表的な土地計画の例について整理をする。そのうえで、古代の寺領荘園に視角を広げたい。条里プランという表現の対象や、そのように表現する意図についても、改めて述べることとしたい。古代の土地計画の代表例として、条里プランの詳細な成立過程を具体的にたどることが本書の目的である。

古代寺院の広大な寺領の存在そのものが、条里プラン導入の引き金になったともいえるが、条里プランの完成以前から存在し、条里プランの編成の過程に巻き込まれた例も多い。また、寺領設定が条里プラン導入後であっても、初期の条里プランの現地における確認の困難さや、その錯誤に翻弄された例もある。それらの経過をたどることが、条里プランの成立過程の実態について、具体的に接近することにもなろう。

このような一連の検討の後、視点を地域に移し、尾張平野の例について検討したい。尾張における、八世紀から中世にいたる条里プランの変容と、八世紀から現代にいたる条里地割の展開と変化の状況をたどりたい。地域を視野に入れることによって、条里プランの別の一面が浮かび上がると思われる。

最後には、ある竿師という、技術者として条里プランに関わった、個人から見た状況を垣間見る試みを加えてみたい。

目次

一　律令の土地制度と条里プラン

1　都城の土地計画—平城京の都市プラン

律令の土地計画を代表するのが方形・方格の都市プランであったことは、すでに「はじめに」でも述べた。なかでも平城京は、その完成例であったとみられる。和銅三年（七一〇）に藤原京から遷都された平城京は、延暦三年（七八四）に長岡京に遷都されるまで、恭仁京《くにきょう》や保良京《ほら》などの「京」と併存したことはあるものの、基本的に都であり続けた。平城京の都市プランは図1のように典型的な方形・方格の形態と構造であった。

平城京以前の藤原京でも、方形・方格の都市プランであったことは明らかとなっているが、方格の土地表示がどのような状況であったかは明確に知られない。ただし、『続日本紀《しょくにほんぎ》』文武天皇三年（六九九）の条に「京職言、林坊（下略）」といった記載があることから、当時の長安《ちょうあん》や洛陽《らくよう》と同様に固有名詞の坊名で呼ばれていた可能性が高い。唐の開元一〇年（七二二）成立という『両京新記』にみえる、長安の「開明坊」といった坊名の表現や、宋代の『河南志』の内容を伝えるという『元河南志』にみえる洛陽の坊名「明教坊」などの表現と類似の呼称法である。

ところが平城京では、『続日本紀』霊亀二年（七一六）条における「六条四坊」といった例を始め、図1のように北から南へ数え進む番号の条と、中央の南北路である「朱雀路」から東西に数え進む番号の坊によって表現されていたことが知られている。戸籍もまた「右京三条三坊」といった形によって、坊を単位として本貫地が記録されていた。

このような坊の内部は、発掘調査によっても確認されているように、基本的に一六区画のほぼ正方形に区分されており、平城京では、一〜一六の番号を付して「坪」と呼ばれていた。これが平城京の頭初から存在した呼称法かどうかは不明であるが、天平一九年（七四七）の「大安寺《だいあんじ》伽藍縁起幷流記《がらんえんぎならびにるき》資財帳《しざいちょう》」の園地の所在を「左京七条二坊四坪」といった風に表現した例があって、現在知られている

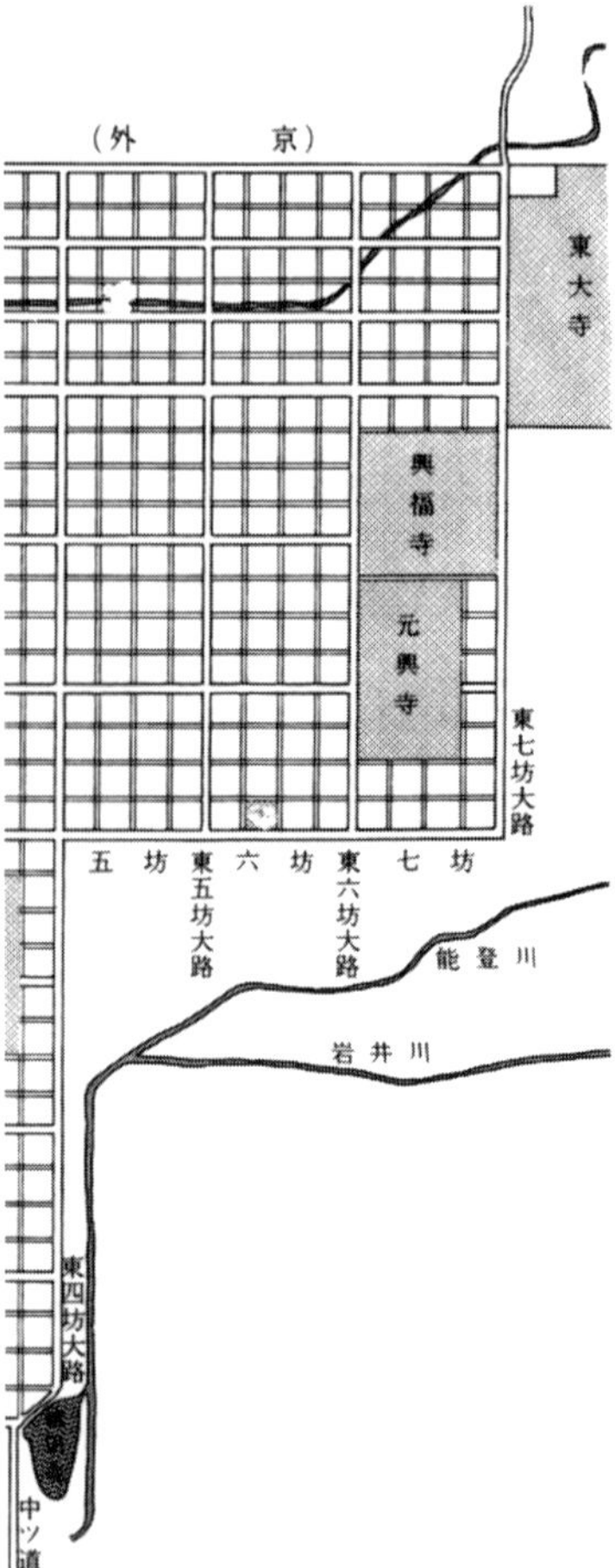

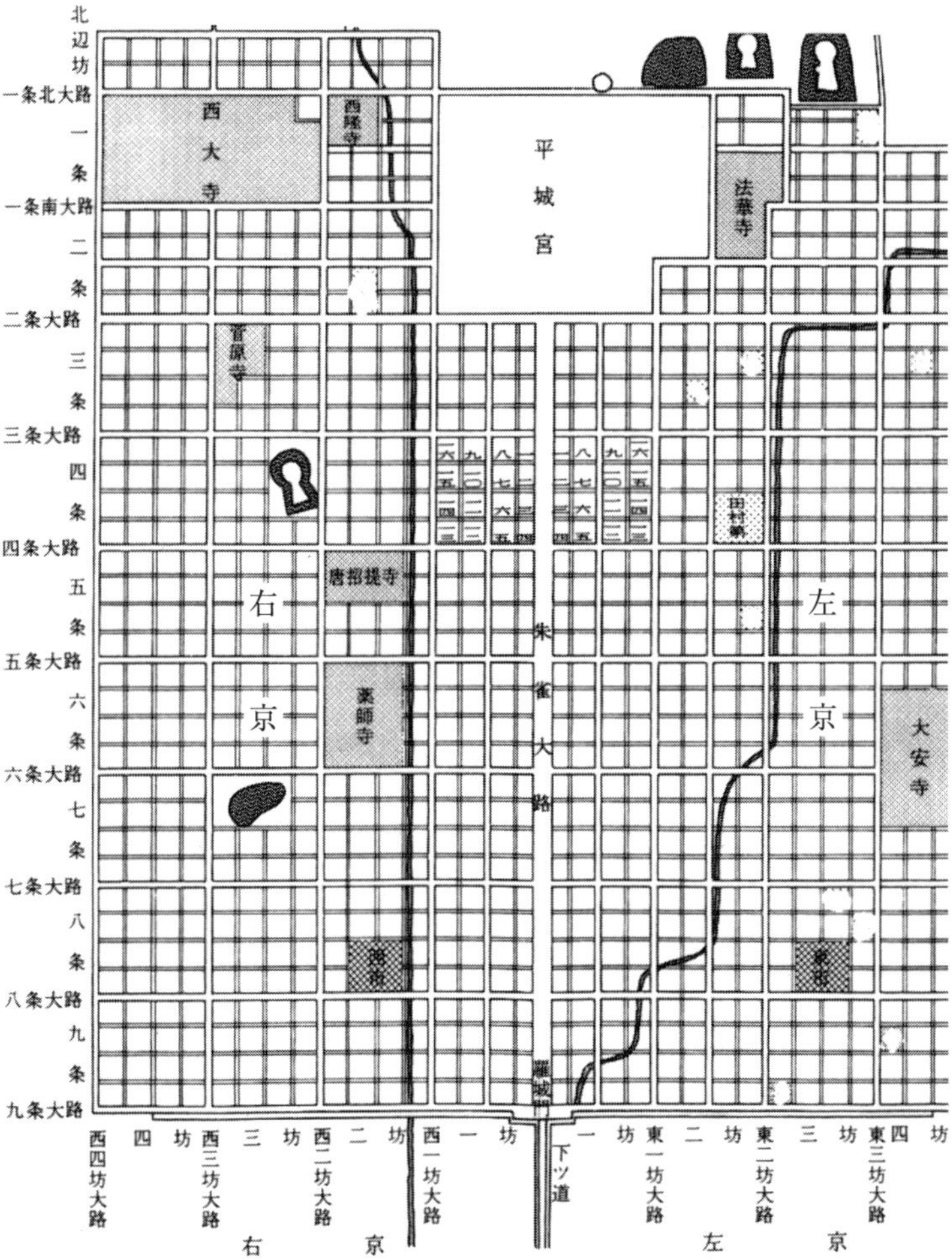

図1　平城京の都市プラン

範囲では最も早い例である。

この平城京における、数字による坪表示の初見例が天平一九年であることと、「坊」を構成する一六の区画が、「坪」という表現であったことには注目しておきたい。本書が対象とする農地の土地計画では、奈良時代に一町方格の区画を「坊」と称したからである。さらに後の平安京では、平城京で坪と称していた区画を「町」と称し、奈良時代に「坊」と表現していた農地の方格の区画を、「坪」と称するようになっていたことも改めて想起しておきたい。

一方、長安や洛陽では、これらの日本の京の「坪」や「町」に相当する坊内の区画を、「角」とか「隅」と呼称していた。これに方位や門の位置を付して、「西南隅」とか「西南角」といった風に表現していたので、これも平城京とは大きく異なる。ちなみに平城京出土木簡《もっかん》には、藤原京に関わるとされる「左京小治町」という記載例がある。これは、坊に相当する区画の名称か、坪に相当する区画の名称であるかは不明であるが、藤原京でも、坊とともにその内部についても、固有名詞で表現していた可能性がある。

改めて、平城京が方形・方格の都市プランであったこととともに、「○条○坊○坪」といった数詞によって坊・坪の区画を表現していたことに注目しておきたい。

2　律令の土地制度

(1) 「田令《でんりょう》」の土地制度

大宝元年(七〇一)に施行された「大宝律令《たいほうりつりょう》」の下では、土地制度は戸籍の作成と密接に関連していた。戸籍は六年ごとに作成されることとなっていた。ただしこの制度以前、戸籍そのものは天智九年(六七〇)にすでにつくられていたことが知られている。

八世紀にはこの戸籍に基づいて、六歳以上の良民《りょうみん》の男に二段、女にその三分の二の田を給付するのが、律令の「田令」に規定された土地制度の基本であった。この制度を「班田」といい、与えられた田を「口分田《くぶんでん》」と称した。口分田を給された良民は、現在では、しばしば班田農民とも表現されている。良民は口分田を班給されたが、同時に租《そ》・庸《よう》・調《ちょう》などのさまざまな形での税を負担する義務があった。奴婢《ぬひ》はその義務がない代わりに、政府や個人に所属して働く義務を負った。奴婢には、良民の男女のそれぞれの三分の一の口分田が与えられた。

田令では「給し訖《おわ》らば、具《つぶさ》に町段及び四至《しいし》を録《しる》せ」と、班給が終わった口分田については、その面積と、四周の土地境界の事象を記録すること、が定められていた。ただこのような口分田は制度上の大家族である郷戸を単位に班給され、良民でも奴婢でも、死亡すれば次の班田の年に国に返すことと規定されていた。この制度全体をさして「班田収授《はんでんしゅうじゅ》」と称していた。このような班田収授の基本は、朱鳥六年(六九二)には始まっていたと考えられている。

さて、六年ごとの戸籍の作成には、律令の中の「戸令《こりょう》」によれば、十一月上旬に作業を開始して翌年の五月末日までに終了することとなっていたから、約五ヵ月間の作業が予定されていたことになる。

一方「田令」によれば、班田収授のためには、正月に律令政府の太政官に開始することを報告して許可を得たうえで、十月一日から帳簿を作り始め、十一月から班田を開始して、翌年二月末に終了することになっていた。

いずれも十一月から実際の作業を始めるというのは、稲の収穫と租の納税がほぼ終わった農閑期に、造籍や班田収授の作業をしたことを意味すると考えられる。つまり造籍にも班田収授にも、それぞれ一シーズンの農閑期を予定していることになる。この規定によれば、班田収授には最大三ヵ月間、帳簿づくりを入れても四ヵ月の作業が予測されていたことになるので、規定上の作業量は戸籍作成の五か月間より少なく見積もられていたことになる。

なお、良民に口分田を配分しても残りの田があれば、それを「乗田《じょうでん》」として有料で貸し出す（地子《じし》を課す）ことになっていた。また、班給を受けた口分田が遠隔地であった場合などは、泊まり込みで農作業に出かけたり、班田農民同士が相互に貸借して経営農地をまとめたりすることがあったと考えられている。当時の用語では借地に出すことを「賃租《ちんそ》」と表現した。

班田の手続きの前提に戸籍があったことは、造籍の実施が班田に先行していることからしても当然である。さらに班田の前段階で、それまでの口分田や乗田はじめ多様な田の所在確認が必要であった。いわば「田」の造籍とでも言えよう。これを「校田」と称した。要するに、造籍で住民を確認し、校田で耕地を確認したうえで、班田を行う、という順番での実施であったことになる。

（2）「墾田」の導入と「校田」手続き

大宝令の制度ではすべての土地を、基本的に国家管理の下においていたことになる。ところが程なく管理する田が不足するようになって、田の代わりに水田以外の耕地（土地利用の上では畑と等しい耕地を「陸田」などとして）を代わりに班給したり、「墾田百万町歩開墾計画」に始まる、「墾田《こんでん》」と呼ばれる田の開拓を進める政策がとられたりするようになった。

養老七年（七二三）には「三世一身法《さんぜいいっしんほう》」が施行され、墾田を開拓すれば、口分田とは別に、墾田の占有が認められるようになった。ただし、これまであった既存の用水を利用して灌漑用水とした場合と、用水路自体を新しく建設した場合とで墾田の占有期間に違いがあり、三世代にわたって認められるか、一身のみかは異なっていた。それにしても、すべての田が原則として国家のものとされていた大宝元年（七〇一）以来の制度の基本が、この三世一身法によって変えられたことになる。

さらに、天平一五年（七四三）に「墾田永年私財法」が施行された。これは用水の性格を問題とせず、墾田をすべて開拓者の所有とすることを認めるもので、非常に大きな制度の変更であった。おそらくその背景の一つには、三世一身法に含まれていた用水の新旧の判定による占有期の認可という手続きが、判断の極めて難しい作業であることの判明という実態があろう。既存の用水であったか、墾田のための新用水であったかの判定はもともと難しいであろうが、三世一身法施行以来二〇年もすれば、その判定は一層困難となろう。

墾田永年私財法は、この難しい判定を避けるために、また墾田奨励の実効を高めるために施行された側面が大きい。ただし私有の墾田とはいえ、土地税にあたる租を負担する義務があったことには注意が必要となる。さらに、墾田の開拓には墾田が所在する国の国司による許可が必要であったことも重要である。

このような土地政策の変更によって、国による土地の管理は大変複雑になったことになる。それまでは、すべての田が原則として国のものなので、大宝律令の規定のように、班田収授の結果だけについて面積と所在地の四至を記録すれば、基本的な問題がなかったはずであった。しかし私有の墾田を認めた後では新たな確認作業が必要になったことになる。それは、私有の墾田と、班田収授の対象となる口分田あるいは国が賃租に出す乗田との、混同を避ける必要である。口分田、乗田、墾田といった田の種類とそれぞれの所有者、ならびにその所在地と境界を明示しないと大きな問題となりかねなくなるだけでなく、またその作業の複雑さが増大し、その作業量も著しく増加したに違いないと考えられる。

さて、虎尾俊哉によれば、七世紀末からの籍年と班年の年次の関係は表1のようであった。同表によれば、持統六年（六九二）から天平一四年（七四二）の班年までは、籍年の二年後が班年、天平二一年からは三年後が班年であったことが指摘されている。戸籍はこれらの造籍が開始された年（籍年）が制度上の戸籍の年次とされた。

実際に班田が行われたことが知られている持統六年（六九二）、養老七年（七二三）、天平元年（七二九）、天平一四年（七四二）の各年は、先行する各籍年の二年後の年であった。これに対して、墾田永年私財法が施行された後の班年として知られているのは、天平二一年（七四九）、天平勝宝七歳（七五五）、天平宝字五年（七六〇）などであり、これらの年はいずれも、籍年のそれぞれ三年後に相当する。この変更については虎尾も指摘していたが、変更の理由については十分に言及されないままであった。

その理由は、墾田永年私財法の施行によって複雑になった田の記録と口分田の班給作業に、以前には想定されていなかったほどの、多くの月日を必要とするようになったことの反映であろうと思われ

表１　籍年と班年（虎尾俊哉による）

	籍　年	班　年	
6	持　統 4(690)	持　統 6(692)	2
6	〃 10(696)	〈文　武 2(698)〉	2
6	大　宝 2(702)	〈慶　雲 1(704)〉	2
6	和　銅 1(708)	〈和　銅 3(710)〉	2
6	〃 7(714)	〈霊　亀 2(716)〉	2
7	養　老 5(721)	養　老 7(723)	2
6	神　亀 4(727)	天　平 1(729)	2
6	天　平 5(733)	〈〃 7(735)〉	2
7	〃 12(740)	〃 14(742)	2
6	〃 18(746)	〃 21(749)	3
6	天平勝宝 4(752)	天平勝宝 7(755)	3
6	天平宝字 2(758)	天平宝字 5(761)	3
6	〈〃 8(764)〉	神護景雲 1(767)	3
6	〈宝　亀 1(770)〉	宝　亀 4(773)	3
6	〈〃 7(776)〉	〈〃 10(779)〉	3
6	延　暦 1(782)	延　暦 5(786)	4
6	〃 7(788)	〃 11(792)	4
6	〈〃 13(794)〉	〃 19(800)	6
	〃 19(800)		

（註）〈　〉は推定によるもの

る。具体的には、次のように考えられる。

班田収授のためには人の戸籍との照合が不可欠なことはもとより、校田と呼ばれる、田の所在状況の確認作業も必要であったことはすでに述べた。先に紹介した墾田という田の種類が設定される以前における、三ヵ月という班田収授の作業予定期間は、本来この校田と班田の両方の作業を含むものであった。

ところが墾田という、新しい種類の田を設定した後の時期になると、あきらかに変化が出てきたことになる。後に述べるように越前国や讃岐国の場合では、校田と班田にそれぞれ別の年の一連の農閑期を充てていたことが知られる史料がある。したがってこれらによれば、戸籍が作り始められてから班田収授が終わるまでには、基本的に合計三回の農閑期、つまり三年を必要としたことになる。籍年の三年後とは、校班田にそれぞれ一農閑期を必要としたことの反映と考えてよいと思われる。土地制度における墾田という類型の導入以来、校田と班田に、それ以前の二倍の日時を必要とするほど、校班田の作業は複雑化し、作業量も激増したと考えられることになる。

この作業とは、口分田、墾田といった田の種類とその面積や所在地、それらの班給対象者や墾田所有者を正確に記録して、必要な時に照合できるようにしておくことであろう。このためには、先に紹介した大宝令の田令が規定するような、面積と四至の記載だけでは対応できないほどに班田収授の作業が複雑化していったとみられる。この状況は、墾田の設定が進めばどこの国でも起こった状況だと考えられることになる。

（3）「班田司」

さて班田の実務には「班田司」が任命されて、実際の手続きを担当したと考えられる。正倉院文書の天平勝宝七歳（七五五）「班田司歴名」には、次の様な記載がある。

班田司　合七十五人　准判官五人　竿師廿人　史生五十人
准判官　細川豊足左　巨勢人主右　（以下三人略）
左竿師秦種人　（以下三人略）
史生大伴秋人　（以下九人略）
右竿師志首豊濱　（以下三人略）
史生船長　（以下九人略）
河内竿師山村兄万呂　（以下三人略）
史生次田隼人　（以下九人略）
津竿師国真勝　（以下三人略）
史生（考?）人　（以下九人略）
山代竿師忍海千嶋　（以下三人略）
史生六人部真主　（以下五人略）
七歳九月廿八日

人名を列記された准判官の五人には、それぞれ「左、右、山代、河内（二人）」との注記があり、竿師と史生の人名の配列は、これらの担当地域ごとに列記されている。この担当地域の注記は、「左（京）」「右（京）」「河内」「（摂）津」「山代（背）」であったと考えられる。左・右京に本貫地のある人々が口分田の班給を得るのは倭（大和）が多かったと思われ、大和が左・右京とともに二つに分けられていたとみられる。

これらの担当地域には、それぞれにいずれも、竿師《さんし》四人と史生《しじょう》一〇人が記載されているが、「山代（背）」には竿師四人と史生六人の名前しか見えない。山背もまた、本来四人と一〇人であったとすれば、冒頭の総数と合致する。本来は、各国に竿師四人、史生一〇人が定数であったものであろう。さらに、准判官の二名は「二人 河内」と一括されている。これは人名列記の部分に記載されているように、「河内」と「（摂）津」とであったことになろう。また列記された地域名からして、この史料にみえる班田司とは、天平勝宝七歳の畿内の班田に関わるものであったと考えられる。

末尾には日付しかなく、それ以上は不明である。ただし「田令」によれば、班田は一〇月一日から帳簿を作り始めることとなっており、九月廿八日付けであれば、その作業開始にはちょうど間に合う日付ではある。

時期は異なるが、「大和国添下《そえじも》郡京北班田図」（西大寺所蔵）と称する古地図があることに注意したい。この古地図は、京北一条から同四条にかけての四条分を表現した、西大寺領の荘園図である。同図西半の三条・四条部分には、もともと弘仁二年（八一一）十一月廿九日付の「大和国添下郡京北三条班田図」と、宝亀五年（七七四）五月十日付「大和国添下郡京北四条里六」と題された班田図が基図であったことを記載しており、前者の冒頭には大同三年（八〇八）「校定田」二十一町余が、後者には「宝亀三年校定田」五町余という面積が記されているので、それぞれに先行した校田結果をも記載していることになる。

　とすれば班田図の記載年次が、前者は校田の三年後、後者も三年後の班田図であったことになる。班田収授の制度は八世紀末・九世紀には弛緩しはじめたと考えられているので、当面京北四条分を見ていきたいが、それでも京北三条が大同三年（八〇八）の校田、弘仁二年（八一一）の班田結果ということになれば、両者の間隔が同じであることに注意しておきたい。これについては後に再度言及することにしたい。

　さて、この京北四条班田図には、末尾に次のように記されている。

　　竿師无位国造人成
　史生正七位下葛木直歳足
（二名略）
国司正六位上行大目大物忌病
郡司大領外正六位下　和連家主
長官正四位下行左大弁
兼造西大寺長官佐伯宿禰令宅（今毛）人

次官（中略）

宝亀五年五月十日

判官（名略）

判官（名略）

（権？）判官（名略）

主典大（太）政官左史生（名略）

写しであるためか、誤記・錯簡等があるように思えるが、まずこのまま見ていくことにしたい。冒頭に竿師一名、次いで史生三名、続いて国司（大目）、郡司（大領）、長官、次官（一名）、判官（二名）、権（准？）判官等が名を連ねている。先に言及した天平勝宝七歳（七五五）の班田司歴名とは年次も異なるが、少なくとも判官、竿師と史生が班田に関わったことは、この班田図の記載からも確かである。

先に紹介した天平勝宝七歳（七五五）班田司歴名によれば、竿師四名、史生一〇名が各国の定員であったと思われるが、ここに記載されているのは竿師一名、史生三名であるから、この記載による限り、国内で担当地域を分掌していた可能性があることになろう。班田司歴名にはなかったが、当然予測された長官・次官が、担当者に含まれていたことも知られる。

長官佐伯宿禰《さえきのすくね》今毛人《いまえみし》は著名な高位の官人であるが、「造西大寺長官」であったから西大寺に近い京北四条の班田に関わったのか、別の理由かは不明であるが、班田司歴名の区分でいう「右」、つまり右京全体の長官であった可能性が高いとみてよいと思われる。高位という意味では、弘仁二年の京北三条班田の長官も「従《じゅし》四位下《いのげ》行大和守《こうやまとのかみ》」であったから、佐伯宿禰今毛人ほどではないにしろ、守としてはかなりの高位の人物であろう。

加えて国司・郡司が関わっていたことも知られることを確認しておきたい。弘仁二年の京北三条班田図の長官が大和守であり、京北四条班田図にも長官以下とは別に国司・郡司名などがあることからすれば、長官佐伯宿禰今毛人も先に述べた「右」のみならず、左・右京及び大和国全体の担当であった可能性もある。いずれにしてもこの場合、一条分ごとに一巻であったことを再確認しておきたい。

3　条里プランと班田図

（1）「大和国添下郡京北班田図」の条里プラン

西大寺蔵「大和国添下郡京北班田図」には、縦（上が東）に四つ、横（左が北）に六つの大きい正方形が描かれ、大きな正方形の内部は縦横六等分されて三六の小さな正方形に分割されている。大きな正方形が里、小さな正方形が八世紀には坊と称された区画に対応する。ここに紹介した西大寺所蔵本のほかに、東京大学文学部所蔵本があり、表現範囲は同一であるが、内部の記載内容には若干の違いがある。

京北班田図は、坊の方格の区画ごとに田の所在を標記している。各区画には番号が付されているの

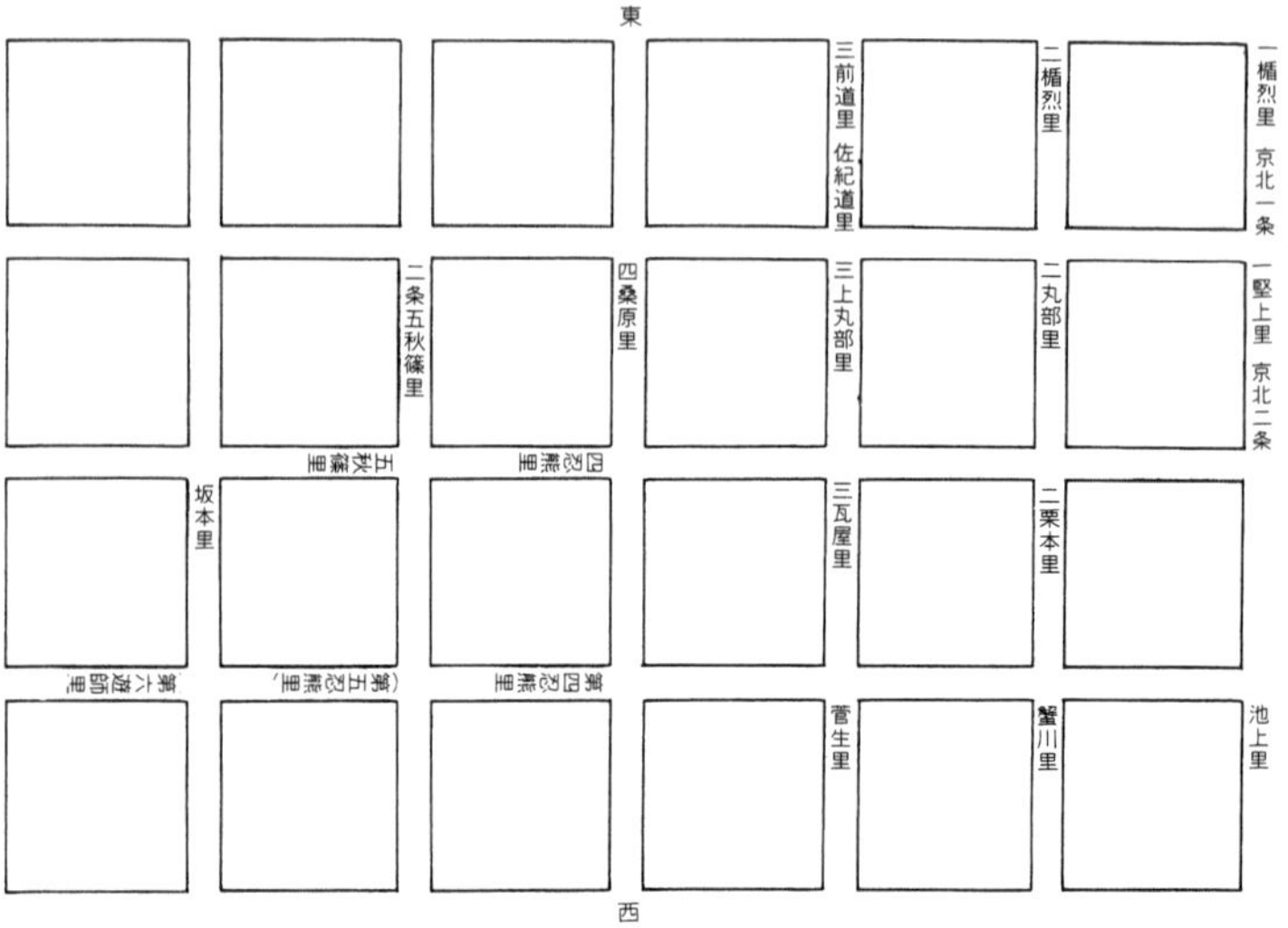

図2　大和国添下郡京北班田図(西大寺蔵)における条里プランの条と里の表現

で、正方形の区画と各区画の番号標記という二つの要素からすれば、先に紹介した平城京の土地計画と同様である。

さて、「大和国添下郡京北班田図」の一つ一つの里の正方形は、図2のように、相互に少し離して表現されており、その間隙部分に里名が記入されている。また、表現には伝本によって若干の違いがあり、同一本であっても複数の記載が見られる場合があって、次のように若干の様式の違いもある。西大寺所蔵本に記載された里名を順に記してみると次のようである。ただし、( )は、図中には数字や文字が標記されていない里である。

京北一条

一楯烈里、二楯烈里、三前道里　佐紀道里、(四)、(五)、(六)

京北二条

一堅上里、二丸部里、三上丸部里、四桑原里、五秋篠里、（六）

京北三条

（一赤皮里）、二栗本里、三瓦屋里、四忍熊里、五秋篠里、（六）坂本里

京北四条

（一）池上里、（二）蟹川里、（三）菅生里、第四忍熊里、第五忍熊里、第六遊師里

条は、図の上（東）から下（西）へ一、二、三、四条であり、先に紹介した班田図の年次や、末尾に記載された班田司の記載の状況からも、条ごとの班田図が基図となっていたとみられる。

里は、右（南）から左（北）へ一、二、三、四、五、六里であったとみられる。各里には固有名詞の里名が記されているが、里によっては里の番号や、里名が標記されていない場合もある。里の番号には単に番号だけに固有名詞を付したものと、第を付して序数としたものがあり、さらに固有名詞の里名だけのものもある。

里名は、基本的に一つ一つの里に付されているが、中には京北一条の一・二里のようにいずれも「楯烈里」とされているものもあり、京北三条の「四忍熊里」、京北四条の「第四忍熊里」、「第五忍熊里」のように二つの条の三つの里にわたって同一の名称となっている場合もある。なお、第五忍熊里、第六遊師里は、東京大学文学部所蔵本にはない里名である。

いずれも条数と里番号を組み合わせれば場所を特定できるが、里名に採用された名称がもともと広い範囲を指していた可能性が高いことを反映している可能性が高い。

また、「大和国添下郡京北班田図」の里内の各区画には右上隅に一～卅六の番号が記入され、例えば四条一池上里の八の区画に標記された「谷迫田」のような名称が逐一記入されている。さらに同里には、「十一谷上田二段二百ト（歩）中」といった様式の標記も見られる。これらの里内の区画の標記については、後に改めて触れることにしたい。この「大和国添下郡京北班田図」が比定されているのは、図1に示した平城京西北隅の北辺坊のさらに北側一帯である。

すでに述べたように、「大和国添下郡京北班田図」も班田図そのものではなく、現在伝存しているのはいずれも西大寺の荘園図の基図としてのちに使用されたものであった。班田図そのものは残存していないが、このように班田図を用いて荘園の土地を表現した地図（「荘園図」）が奈良の正倉院などにいくつも伝存しているので、それらの基図も班田図であった可能性がある。これには、方格（碁盤目）網を描き、方格の中に「寺田」などの面積を記入しているので、「班田図」もまた口分田の標記に、荘園図と同じような表現をしていたと考えられる。

（2）大和国の条里プラン

大和国添下郡の京北条里プランはこの四ヶ条分のみであったと考えられるが、「大和国添下郡京北班田図」の表現によれば、遅くとも宝亀五年（七七四）の班田ないし、それに先行した同三年の校田の際に編成されていたことは明らかである。条里プランは、京北条里のみならず、平城京近辺には、京東条里や京南辺条里などのやや狭い範囲で、郡を単位としない条里プランの単位が存在した。

これに対して奈良盆地主要部の条里プランは、郡単位ではあるものの、さらに基本的には平城京と、平城京の朱雀路から南へ伸びる「下津道《しもつみち》」を軸として編成されていた。つまり、平野全域にわたる、一定の規則性のある条里プランであった。

大和国平野部の条里プランの呼称体系は、まず平城京および京南辺条里の南側一帯について、大きくは京南路東条里と京南路西条里に分かれているのが特徴である。路東条里と路西条里では条の境界線が合致しないものの、いずれも北から南へと数詞で条を数え進んだ。さらに、基本的には下津道から、路東では東へ、路西では西へと里を数え進んだ。坪（坊）並みは、路東では北西隅から南へ数え進む千鳥式、路西では北東隅から南へ数え進む千鳥式であった。この基本は例えば、郡域が路東と路西にわたっていた十市郡のような場合でも変わらなかった。

大和国の基本的な条里プランは、橿原考古学研究所編『大和国条里復元図』によって復原されている。ただし詳細に見れば、この復原には細部について訂正を必要とする部分もある。下津道が基本的な基準であったことは間違いないが、例えば、その路東条里の一部において、下津道ではなく、東側の中津道が郡界となっていた部分もある。ただし、中津道が路東条里の基本的な方格網そのものとは合致していなかったために、微妙なずれが生じていた場所があった。『大和国条里復元図』は、例えば図3に灰色のアミの方格で表現されるように城上郡の条里プランを復原しているが、実際には城上郡一五条—一八条についても、同図に示したように、中津道を境界とした条里プランであり、二里分ほど西が郡界であった。

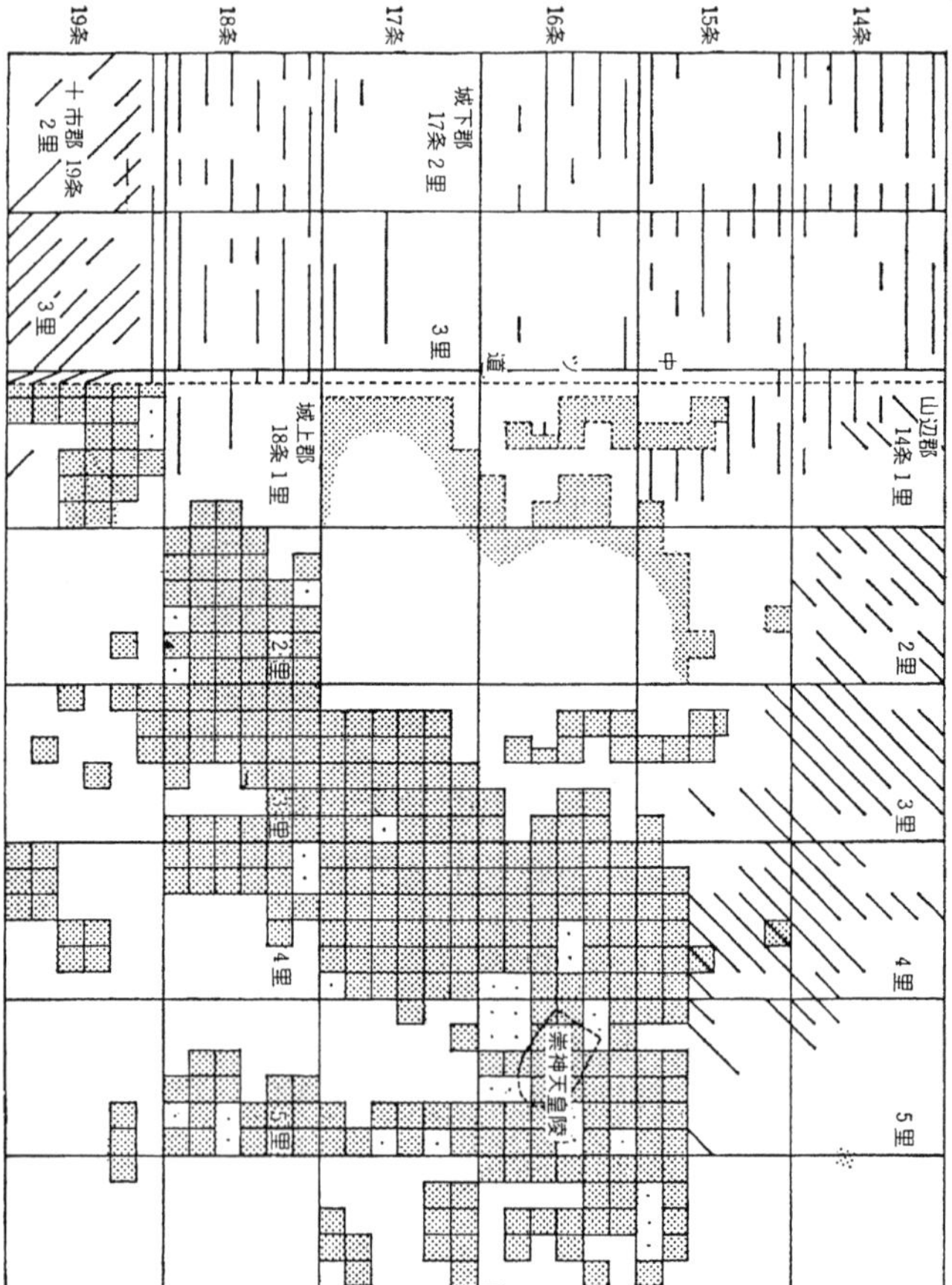

図3　延久2年興福寺大和国雑役免坪付帳による城上郡および周辺諸郡の条里プラン
方格が『大和国条里復元図』による復原。ただし15条・16条・17条は中ッ道（2里分西）から数えたことが知られる。

史料の時期は遅れるが、延久二年（一〇七〇）興福寺大和国雑役免坪付帳によれば、やはり城上郡一五・一六・一七・一九条の各一里は、基本的に中津道の東側から始まっていた。従って図3に概要を示したように、西側の城下郡は基本的に、路東四里西側の一列の坪列までである、さらに詳細に見れば、郡域はこの一―六坪の坪列の中間を南北走した中津道で区分されていた、と考えられる。ただしこの雑役免坪付帳によれば、城下郡の興福寺領の一部は、一五・一八条などでは中津道以東にまで入り込んでいた。これは、雑役免坪付帳が示す一一世紀には、中津道がすでに道としての機能を失ってしまっていて、おそらく境界としても不鮮明な状況となっていたことと関わる現象であろう。

また大和国では、先に述べた平城京周辺のいくつかのグループのほかにも、小規模な条里プランのまとまりが存在したことが知られている。例えば平野縁辺の平群谷《へぐりたに》や、法隆寺周辺等において、方位を異にした小規模な方格地割群や、主要部とは別の小地域単位の呼称を有する部分があり、南の宇智郡でも別の条里プランであったことが知られている。

（3）「山城国葛野郡班田図」と山城国の条里プラン

「大和国添下郡京北班田図」とともに班田図として知られているのは、「山城国葛野《かどの》郡班田図」である。これもまた、班田図そのものではなく、嵯峨荘の荘園図の基図として利用されたものであった。同図は多くの断簡として伝わっているものであるが、表紙見返に「葛野郡櫟原郷天長五年一条」、と記されているように、天長五年（八二八）の一条毎の班田図が基図であるとみられている。同図の一条首部には次のように記されている。

山城国葛野郡班水陸田図巻第一

総里五　小倉西里　小倉里　社里　櫟原西里　大井里

天長三年定水陸田捌町捌段伯捌拾肆歩

（中略）

小倉里　西北角始東行

（中略）

（小倉里田図）

（下略）

といった記載で、社里、櫟原西里、大井里の各地図と続き、さらに二条に相当する「（大山田里）小山田里　櫟原里（小社里）（曽禰西里）」の各地図が続く。

つまり、「巻第一」といった記載から知られるように、まず一条分が一巻となっていたこと、及び各里名には、逐一は条数が記載されていなかったこと、条ごとに、各里が別々に描かれていたことが知られる。

各里には右に掲載した小倉里の注記にあるように、西北隅の一（坪）から東へ数え進み、南へ折り返す千鳥式の坪並みの番号が記され、小字地名的名称、面積と田品が各区画に標記されている。これは、「廿一迫田百七十歩下　嵯峨庄田」、といった形であり、九世紀の例ではあるが、八世紀に完成した典型的な条里呼称の様式によって図中に田が標記されている。

さて、先に掲げた「山城国葛野郡班田図」冒頭には、「総里五　小倉西里　小倉里　社里　櫟原西里　大井里」と里名が記されているが、このうち小倉西里については地図が伝わっていない。地図の伝わっている里については、図4の西北隅のように現地に比定することができる。小倉西里は、名称からすれば小倉里の西側にあった可能性がある。

様々な資料によって、葛野郡等の山城国北部四郡の条里プランは図4のように復原される。葛野郡一・二条の桂川北岸部分は西に傾いた方位となっていたと考えられるが、他は、愛宕郡北部の鴨川東岸北部に菱形のやや傾いた部分があることを除けば、基本的にほぼ正しい方位となっていた。また、葛野郡班田図の場合と同様に、条は数詞であったが、里にはそれぞれ固有名詞が付されていたことが様々な資料によって知られ、山城国北部四郡については図4のような状況である。

葛野郡の条里プランの条は、西端の一条から東に向かって数え進み、平安京北部では九条まで存在したことを確認できる。これに対して、葛野郡の南に接する乙訓郡、桂川東岸の紀伊郡、その北の愛宕郡では、条は郡の南端から北へ数え進む形であったと復原される。坪並みもまた葛野郡と異なり、西南隅から始まって北へ数え進む千鳥式であったことが確認される（愛宕郡は推定）。

図4の範囲では、長岡京並びに平安京と条里プランとの関係に触れておく必要がある。長岡京が営まれたのは、延暦三年（七八四）から同一三年の間であったが、条里地割と里名は明らかに旧長岡京域にも存在していたことを確認することができる。もっとも蓋然性の高い推定は、いったん成立した

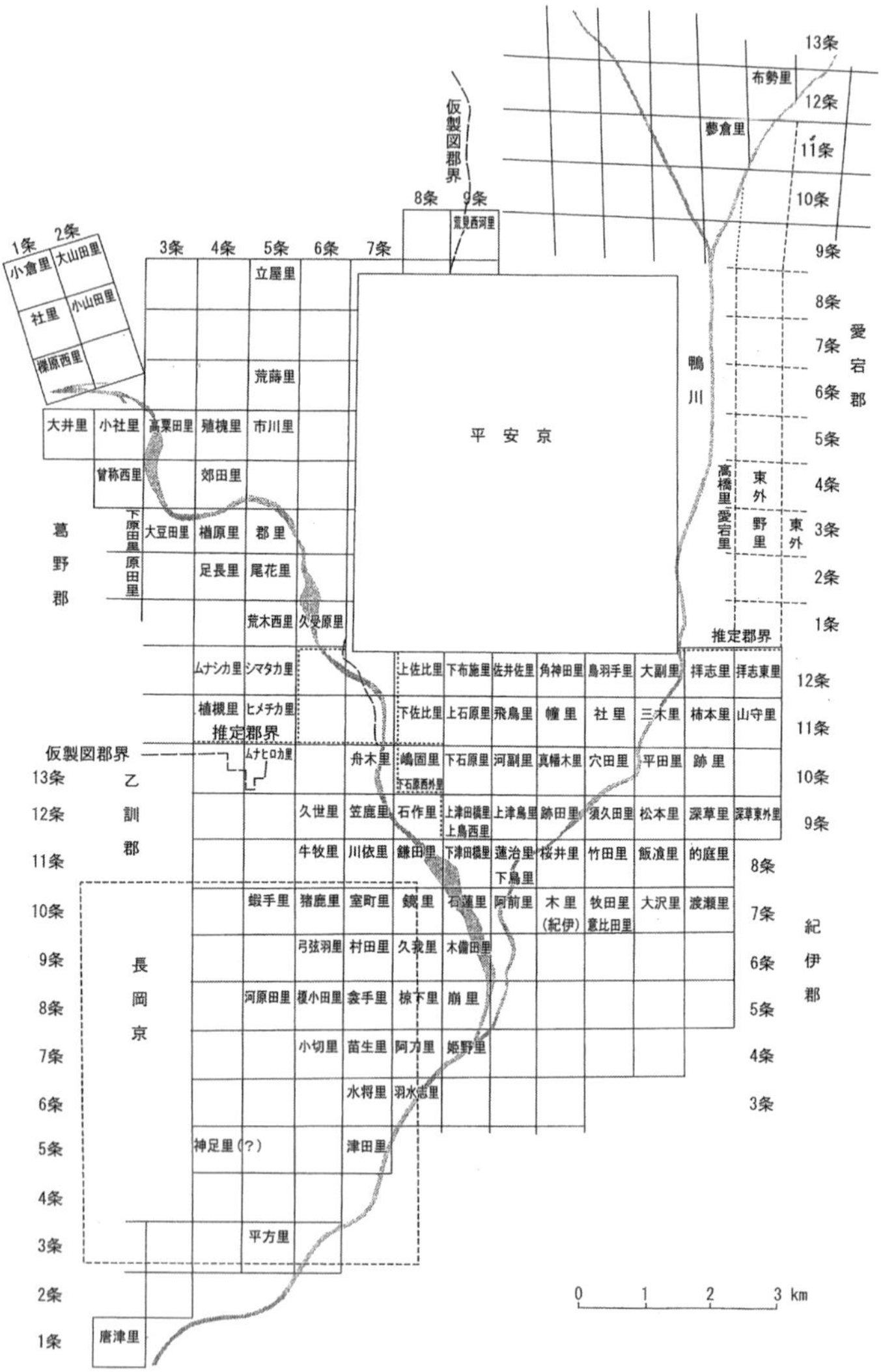

図4　平安京と周辺4郡の条里プラン

条里プランが、長岡京域について一旦抹消され、長岡京廃絶後に復旧されたか、または再施行された可能性である。山城国では、「山城国葛野郡班田図」のように九世紀に入っても班田図が作製されたこと、つまり八世紀の土地制度が持続していたこととも関連があると推定される。

長岡京に次いで、延暦一三年に始まる平安京の場合は、広隆寺の旧寺田が京域設定地内に存在し、それが条里プランによって表示されていた例が知られる。従って、いったん編成された条里プランを抹消して平安京の条坊プランが設定されたことが確認されることとなる。

(4)「四証図」と「勘注図」・「国司図」

さて、「大和国添下郡京北班田図」や「山城国葛野郡班田図」のような班田図は、基本的に班田のたびごとに作製されたとみられる。さきに説明したように、宝亀五年(七七四)付の「大和国添下郡京北四条」班田図は、宝亀三年(七七二)の校田結果を記載しており、同年の校田図を基図としたものであった可能性がある。先行した校田図に必要な訂正を施して班田図とすることは多かったとみられることは、少なくとも次の上野国の例からも知られる。この例によれば、条ごとの班田図の巻数は相当数に上ったものと考えられる。

時期は遅れるが、長元年間(一〇二八—一〇三七)の上野国交替実録帳、つまり新旧国司の引き継ぎ文書には、年次によって校田図か班田図かの別はことなるものの、いずれかの図が所在したことが記されている。同交替実録帳は、本来国衙に所蔵していたものでありながら、すでに失われたり、破損したりした校班田図の巻数を書き挙げ、その数は全体で数千巻に上っている。この記載によれば、計八六巻によって、上野国内の平野を覆う条里プランが表現されていたと考えられている。

これには、ある年次の班田図の直前の校田図や、ある年次の校田図の直後の班田図が記録されていないことが多く、一方が他方に転用された場合が多かったことを反映していると考えられている。つまり、校田図と班田図は地図としても記載内容としても類似する機能を果たしていたとみられることになる。ただし、転用したものであったとはしても、班田結果を標記した班田図こそが重要であったとみられる。後に紹介するように、必要に応じて班田図の記載と照合することはあっても、その前提の作業過程を示す、校田図を対象として取り上げることはなかったようである。

このような班田図の中で、天平一四年（七四二）、天平勝宝七歳（七五五）、宝亀四年（七七三）、延暦五年（七八六）の班田図あるいは図籍を、「四証図」あるいは「四度の図籍」として、証験の際に特に重要な根拠としたことが知られている。「図籍」の籍は、「田籍」を指す。田籍とは土地の権益を記した帳簿であり、先に述べたように田令では「給し訖《おわ》らば、具《つぶさ》に町段及び四至《しいし》を録《しる》せ」と、班給が終わった口分田については、その面積と、四周の土地を記すことを規定したものであった。田籍には本来、田についての用益権の保有者と、その所在地（郡郷など）・面積・四至が記載されていたものと推定される。

条里プランの完成の後には、承和九年（八四二）に改訂された「青苗簿《せいびょうぼ》」の書式のように、条里プランの「坪」（もともとは坊）毎に土地の権益の行使者を記したものであろう。岸俊男は、班田図の整備が進むのはこの四証図の冒頭に挙げられる天平一四年班田図のころからであり、条里呼称の成立とも関連すると推定した。

このように証験の際に参照されたのは班田図であったが、条里プランが編成されたのは、実際に校田の際であったのか、班田の際であったのかを的確に示した史料は知られていない。ここでは仮に、一連の校田・班田の際に編成され、確定されたものと推定しておきたい。この確定を以て、「完成」と表現したい。本書では、班田図の年次によって完成と表言することにしておきたい。

ところで、先に紹介した「大和国添下郡京北班田図」(西大寺所蔵本)には、三条(六)坂本里に「此坂本里、図様ハ天平十五年九月九日勘注図ヲ移也」との注記が施されている。これによれば、天平一五年九月九日付けの「勘注図」と称する地図が存在したことになる。理由は不明であるが、それを京北三条「坂本里」の表現の基図としたことになる。

この場合の「勘注図」とは、その「図様」を班田図に写すことができた地図であったことになるので、表現内容も班田図と類似したものであった可能性が高い。この「勘注図」の年次である天平一五年とは、先に紹介した「四証図」筆頭の天平一四年班田図の翌年である。少なくとも天平一四年の班田図とは別のものであろう。おそらくこの「勘注図」とは、「国司図」とでも称すべき地図の一種であり、校班田図とは別に、必要に応じて作製されたものであったとみられる。

本来一〇月から作業を始め、二月末までに完了すべきであった班田手続きとの関わりから見ても、九月九日付けの勘注図とは、班田図とは別途の作製によるものであったことの反映であろう。

ちなみに「国司図」については、東大寺領阿波国名方郡荘園図類の一つに「天平宝字二年六月廿八日造国司図案（通称新島荘絵図）」と記されたものがあり、やはり校班田とは別の日付である。同国司図案については改めて検討するが、「国司図」とは当面、校班田図以外に、何らかの必要に応じて（おそらく寺田・墾田等の確定・確認等のために）、国司の下で作製された特定場所の地図と考えておきたい。

4 条里呼称法

（1）条・里・坊の番号

四証図の冒頭の班田図の翌年にあたる天平一五年（七四三）に、「山背（城）国久世郡弘福寺《ぐふくじ》田数帳」が寺田を「路里十七口利田二段七十二歩」といったように記録している例が知られる。この場合、「路里十七」に「口利田」と称する田二段七二歩が在ったことになる。この記載様式は、「大和国添下郡京北班田図」の里内の各区画において標記されていた、四条一池上里の「十一谷上田二段二百卜（歩）」といった例と同様である。従って「路里十七」という所在地によって照合すれば、記録上の取り扱いが判明し、実際にその場所が明確であれば、いつでも所在地を確認することができることになる。

天平一四年に山背国の班田図ができていたとすれば、それは「四証図」の筆頭であると同時に、最古の班田図であり、このような表現によって田の所在を記録することができたことになる。このような様式の土地表示法を「条里呼称法」と称することにしたい。ただしこの「弘福寺田数帳」の表現は、「大和国添下郡京北班田図」の里に付されていた一般的な表現○条○池上里（○は数字）といった里名とは、条が示されていない点と、里に番号が付されていない点が相違する。この点は後に再び取り上げるが、先ず、里内の各区画において標記されていた条里呼称法について整理しておきたい。この例を始め、弘福寺領そのものについては、後に改めて検討を加えたい。

さて、このように、「里」とその中の区画の場所を示す番号を組み合わせて所在地を表現する土地表示の様式は、一般に「条里」と呼ばれてきた。この史料より後の年次では、各地で多くの類似の例が見られる。この山背（城）国の弘福寺田の表記は、その一番早い例と見られる。このような土地表示法の開始は、国によっていろいろな時期であったと考えられるが、条里呼称法によって田の所在地を正確に表現することが可能となって、おそらく校班田の実務上の混乱は大幅に減少することになったと考えられる。しかしそのためにはすでに述べたように、「路里十七」といった場所が少なくとも記録上は明確でなければないことになる。弘福寺田数帳に記された「路里十七」のような様式によって土地の所在を表現するのは、すでに述べたように班田の際に「班田図」と呼ばれる地図を作ったこととと関連すると考えられている。

この表現による碁盤目の実際の方格は一辺が一町（約一〇九メートル）であり、その区画を八世紀には「坊」と呼んでいた。さらに、それを縦横六個ずつ集めた大きな区画を「里」と称した。荘園図やその基図となった班田図は、その区画や名称も表現していた。さらに、里には固有名または番号を付け、里が並んだ帯状を呈する区画を「条」と呼んでいた。条もまた一般に数字を付して「〇条」といった表現をしていたことは、すでに「大和国添下郡京北班田図」で見てきたところである。これには、国によって様式に違いがあるが、一般には図5のような例が多い。

(2) 坪(坊)並みの様式

里内における、縦横六個ずつ、合計三六からなる里内の区画にも、番号が付けられていたことについてはすでに述べた。この区画は奈良時代に「坊」と呼ばれ、その区画は平安時代になると「坪」と呼ばれるようになったことも知られている。坊(坪)の番号の付け方にはいくつもの様式があったが、その様式のことを通常「坪並《つぼなみ》」と表現する。八世紀であれば「坊並」とでも表現すべきところであろう。

坪並には、一列が六区画の坊列の一列目に一から六の番号を付けて、次の列に続けて折り返して数え進む「千鳥式(連続式)」と、二列目を一の横に戻って、一列目と同じ方向に数え進む「平行式」があった。しかも、里の四隅のどこからでも始めることができるので、合計一六通りの坪並みがありえたことになる。さらに、この列を「行」として、各行に一から六の番号を付した例もあり、これらの表現の違いも考慮すれば、実際の坪並みの種類はもっとあったことになる。ここで例示している弘福寺田の場合、このような坪並の番号による十七番の区画であること示していることになる。それを、

「路里十七」と表現し、その場所を確認することができるようにしたことになる。

この坊ないし坪の区画は面積一町（一〇段＝三六〇〇歩＝一・二ヘクタール）であったことがわかっている。この面積は、律令の田令に規定されているものと同じである。従って、この面積の正方形である坊ないし坪の区画は、すでに述べたように一辺一町かつ面積一町の正方形となる。これを縦横に各六区画ずつを集めて、計三六の坊（坪）で編成した里は、一辺六五四メートルの正方形となる。

（3）条里プラン

この山城国弘福寺田の例では「路里十七口利田」といったように、里名には番号も所属する条も記されていないが、すでに述べたように里が帯状に並んだ列を「条」と称するので、普通は両方を記載した。したがって八世紀ごろの条里呼称は、典型的には「（〇〇国〇〇郡）〇条〇里〇（坊）〇〇〇」といった様式で表現された。「坊」の名称は弘福寺田の資料には見られず、八世紀においても必要がある場合のみに使用されたとみられる。ただし九世紀になると、「坊」の区画は「坪」と称されたことはすでに述べた。九世紀になると八世紀と比べて、条・里・坪ともに数字による表現が卓越していたが、基本的には類似した状況であった。

八世紀にしろ、あるいは九世紀にしろ、このような土地計画の状況を、次のように要約することができよう。つまり、土地を一町方格の碁盤目に区画し、さらにそれを編成した六町四方の里の区画を設定して、それぞれの里の区画に番号ないし固有名詞の名称をつけ、編成された内部の一町方格には番号を付けて土地の所在地を表現する方法ないし、そのようなあり方、である。これを「条里プラン」と呼ぶことにしたい。したがって条里プランとは、一町方格の土地区画と、それを里に編成した里について、里の名称と里内の一町方格に番号を付けた「条里呼称」からなる土地管理の方法、ということになる。里が並んだ帯状の里の列は、条と呼ばれた。全体として極めて規則的な方格の土地計画であり、非常に体系的に土地の権利や所在地を表示することができた。さらにこれによって、それらの検索・照合が可能であった。

ただしこれは、必ずしも土地そのものが現実に、畔や溝によって区画されていることを直接意味するわけではない。単に地図上や文書上での取り扱い基準であるという場合も含むことになる。ところで条里プランを構成する一町方格の区画は、実際に土地が区画されている場合、あるいはその遺構が残っている場合に、その内部が十等分（一筆が面積一段）ないしそれに近い状況の地筆からなっていたと考えられてきた。このような場合や、それに類する地割形態を「条里地割」と呼んできた。このような条里地割は、大宝律令の田令に規定された面積にかかわるとの議論があったが、このことについては後でふれることにしたい。

（4）里の名称と小字地名的名称

先に例として取り上げてきた「路里十七口利田」の場合は、里が「路里」と名付けられ、里内の番号を付された区画の「十七」の田が「口利田」と称されていたことになる。「口利田」のような、小字地名のようにも見える小さな範囲の呼称は、八世紀の文書や地図には広く見られた表現法であった。しかしこの小字地名のような名称は、一〇世紀頃にはほとんど使用されなくなっていたことが知られる。その過渡期や転換の時期は多様であるが、一般的には中世頃には、各地で村の中の小さな地名である「字《あざ》」が現れ、一六世紀末の太閤検地によって「〇〇村字〇〇」という表現と、それによる土地権利が制度化された。字はそれ以後、江戸時代には広く使用され、土地の所在地の表現の基本的な方法であった。

それが明治二二年の町村制施行によって旧来の村が合併以後「大字」となり、それまでの字は「小字」と呼ばれるようになった。この「小字地名」とは、「口利田」のような表現と一見似ているように見えるものの、これとは起源も機能も全く別のものであったことになる。「口利田」のような名称を、「字」や「小字」と区別するために、必要があれば「小字地名的名称」と呼ぶことを、筆者は提案している。

さて、班田図が作製されたのは、天平一四年が最初であると考えられていることはすでに述べた。この時期は、三世一身法が施行されてから二〇年近く経過した時期であり、班田収授の際に、墾田の占有を一身でとどめるか、三世に及ぼすか、つまり収公するか否か、という難しい行政判断を迫られる例が増えた時期でもあろうと思われる。

この年は同時に、墾田永年私財法施行の前年にもあたる。墾田永年私財法は、この状況に対して抜本的な解決をもたらすことになった。つまり、墾田の増加を図りつつ、一方で、すでに述べたような三世一身法が求める困難な判断を必要としないという新たな状況を作ったと考えられる可能性が高いと思われる。三世一身法の施行以来、正確な田の所在記録の必要性も既に高まっていたと考えられる時期でもあった。それに応えたのが、天平一四年の班田図と条里プランであったと考えれば、その背景はきわめて理解しやすいと言えよう。

天平一五年の弘福寺田数帳には「条里呼称」が記載されているので、山城国ではすでに条里プランが編成されていたことを示すことになる。そうでなければ、このような表現を使用する意味がないからである。この条里呼称の表現にはしかし、先に典型的な場合として示した例とは異なって、条の記載がない。後に一般化する山城国の条里プランでは数詞の条が規定されているので、この一般的な記載様式とはすこし違いがあることになる。しかし、里が確定し、里内における坊の区画の位置が確定していることにはなるので、この文書の基礎になった天平一四年の班田図には、条里プランが表現されていたものと考えられる。ここではまずこのことを確認したうえで、条里プランという用語について、改めて説明したい。

5 「条里制」と条里プラン

(1) 「条里制」が意味してきたもの

律令の土地制度としては、すでに述べた班田収授がきわめて特徴的であった。その開始が朱鳥六年

（六九二）であったと考えてよいこともすでに紹介した。この班田収授のために導入されたとする、土地計画を「条里制」と呼んできた。つまり、班田収授法及び、一町方格の規則的な土地区画と、それを編成した里と条、さらに里内部の一町方格を固有名ないし数字で示す条里呼称からなる土地制度がつくられたと考え、それを条里制と呼んできたのである。この一町方格の地割を「条里地割」と呼ぶのも一般的である。条里地割については、方格の内部がさらに規則的な一段の地筆からなっていた、とする考え方もあった。この班田収授、条里地割、条里呼称の三つの制度ないし事象が、いずれも大化の改新（六四五年）頃から存在したと考え、それを一体として「条里制」と総称してきたのが、条里プランという用語を導入する以前の、一般的な研究上の姿勢であった。

ところが、『日本書紀』の「大化改新の詔」に記された班田収授に関わる記事が、基本的に後の制度をさかのぼらせて大化の改新に仮託した可能性の高いことが明らかになった。それでも班田収授は、遅くとも朱鳥六年（六九二）には開始されていたから、まだ相対的には近い時期とも言える可能性がある。

しかし、条里呼称による土地の表示は、初めて史料に登場するのが先ほど紹介した天平一五年（七四三）弘福寺田の例である。つまり、班田収授が始まってからほぼ五〇年の間、条里地割も条里呼称もなしに班田収授が実施されていたと考えられることになる。すべての田が原則として国家に属していたとする原則の下での班田収授は、それほど困難な作業ではないと制度上はみられていた。このことは、先に紹介した戸籍の作成と班田収授の実施についての、それぞれの作業予定期間の対比からでも推定できることである。

しかし、三世一身法（七二三年）や墾田永年私財法（七四三年）によって、墾田という、占有ないし私有の可能な別の種類の田の制度が導入されると、班田収授の作業は格段に複雑となり、作業量も激増することとなった。これに対応して導入されたのが、すでに紹介した条里プランの概念に対応する土地計画であり、その具体的な表現は天平一四年（七四二）に整備が始まった班田図であったと考えられる。

このように、班田収授と、条里地割、条里呼称はそれぞれが別の起源と機能を持っていたことになる。かつての慣行的使用のように、そのすべてを条里制と呼ぶと、表現内容があいまいとなって混乱を招き、また厳密な議論ができなくなる恐れが出てくる。

そこで、条里地割ないし一町方格による土地管理法と、条里呼称法という、二つの要素からなるシステムを条里プランと呼ぶことにしたい、とするのがこの用語の導入の趣旨である。

（２）　条里プランの定義

今一度整理すれば次のようになる。

「条里制」とは班田収授・条里地割・条里呼称の三要素を含む概念として使用されてきた。班田収授については、すでに述べたことを繰り返す必要はないであろう。

一方ここでいう「条里プラン」とは、そのうちの二つの要素、条里地割と条里呼称からなる土地計画の概念である。
条里地割とは、実際の地上にある道・畔や水路による一町方格の地割、あるいはそれがなくても班田図上などにおける管理のための一町方格の土地区画（坊、後に坪）と里の区画などを意味する。

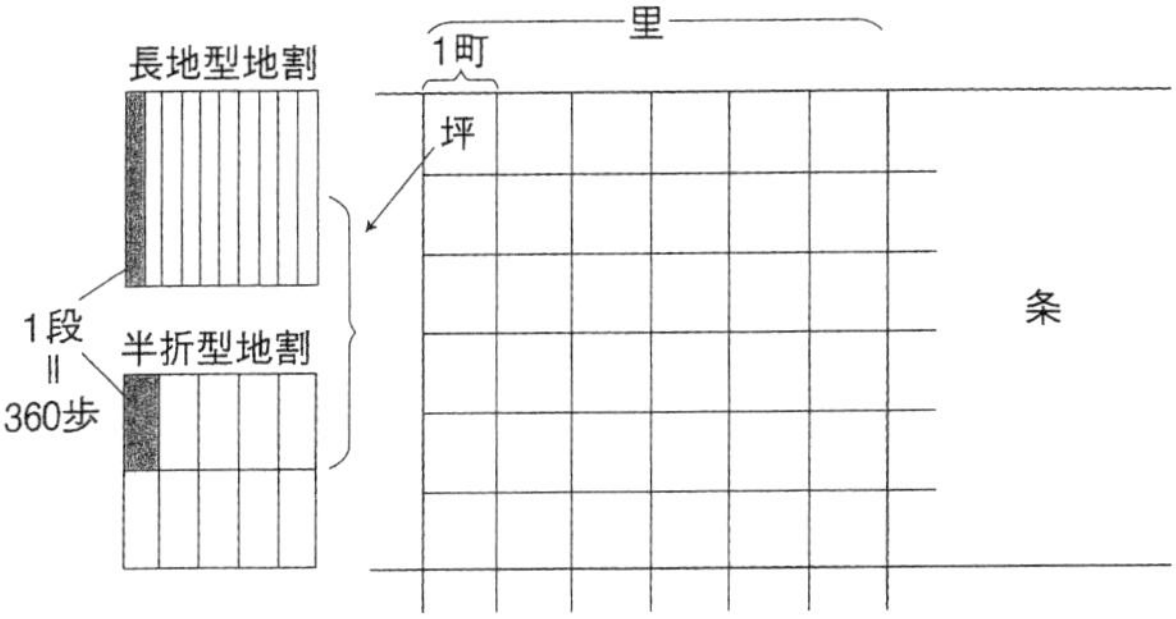

図5　条里プランの典型（坪は平安時代，奈良時代は坊）

なお地表で確認される条里地割は、かつての条里プランの地表における遺構であるという意味で、「条里遺構」と認識される場合もある。典型的な条里地割あるいは条里遺構として報告されている地割形態には、一町方格に加えてその内部に、面積一段の規則的な地割形態を伴っているとするものが数多くある。この規則的な地割形態は、一町方格の一辺を長辺として十等分した「長地型」と、長辺をその半分、短辺を二倍とした「半折型」の二種類が典型的なものである（図5参照）。

さらに条里呼称とは、条や里および一町方格の区画にたいする、固有名ないし番号による土地表示のための名称である。

条里プランはこのような条里地割と条里呼称を基本要素とすることになる。

ところで律令の田令には、田の面積を規定する条文がある。その条文は、「凡《およ》そ田は、長さ三十歩、広さ十二歩を段と為《な》し、十段を町と為せ」と段と町の面積を規定している。この規定を、例示の長さと広さをそのままにして図示すれば、半折型と呼ばれる地筆の形状となる。さらに、長さをその倍、広さを半分とすれば、同じ面積の長地型と呼ばれる地筆の形状となる。いずれも典型的な条里地割の形態と考えられている形状である。ただし田令の条文は、あくまで面積の規定であり、地割形態を規定したものではない。しかも、発掘調査事例からしても、史料にみえる田の面積表現に一段以下の端数を伴った例が多いことからしても、八世紀には一筆の土地区画の形状がそれほど規則的ではなかったと考えるのが妥当と思われる。

先に述べたように、田令の面積規定では一段の面積の説明に、半折型の地割形態に等しい表現をしている。しかしそれが、面積規定と対応した便利な形状であったにしても、八世紀に実際に広く分布していたわけではない。実際に広く地割として形成されるには相当の年数を要したものと考えられる。

かつて、半折型と長地型と呼ばれる形状の地割分布が、地割の起源や開発の新旧を反映しているという議論もあった。しかし、既に述べたように田令の条文自体が面積を規定したに過ぎないことや、地割が分布する土地の特性を必ずしも考慮していないこと、さらに地割形態は時代を経て変化する可能性があるものとしても、実際に変化を経てきた実態としても、変化を視野に入れていなかったことなどがすでに判明している。現在では、このような議論自体がそれほど説得力を持つものではないと考えられている。

さて、条里呼称法の整備は、班田結果を標記した班田図の整備と密接にかかわって行われたとされている。確かに天平一四年（七八二）はその最も早い例と見られる。しかもその初見例が山背国の弘福寺領であった。弘福寺はじめ、古代の大寺院は班田図の整備、ひいては条里プランの完成以前から多くの寺領を有していた。条里プランの完成時期前後の寺領の表現を検討することによって、律令の土地計画の一端を知ることに結びつく可能性があろう。

しかも後に詳しく述べるように、条里プランの完成時期は国によって異なると考えられるが、各種の史料からそれは、いずれも八世紀後半のことであったことが知られる。とすればその時期はまさしく、東大寺をはじめとする大寺院が多くの墾田を設定した時期前後に相当する。そこで小稿では、弘福寺領荘園・東大寺領荘園などと条里プランとの関係について、改めて整理を行い、若干の検討を加えることを目的としたい。

そのため本書では、すでに述べたように、班田収授と条里呼称法および条里地割の三者を含む概念として使用されてきた「条里制」の用語とは別に、条里呼称法及び条里地割からなる土地計画を「条里プラン」と表現することとしたい。すでに述べたように、班田収授は少なくとも半世紀以上の間、条里呼称法なしで実施されてきたのである。この三者は少なくとも実施の初期には、それぞれが個別の制度ないし実態であり、三者で一体となった制度ではなかったからである。また、条里プランの概念を導入することによって、検討を加える際に、論旨を明確にすることができるという利点もある。

二　古代寺院領と条里プラン

1　古代寺院の土地領有

(1)　諸寺の田野占有

班田収授法は、すでに紹介をしたように、七世紀終わりごろの時期に制度として確立していた。八世紀初めの律令における田について、「田令《でんりょう》」では、原則として公民に男二段、女一段一二〇歩の口分田を給することが規定されており、田にはほかに賃租に出す乗田もあった。

「田令」の法解釈を集成した『令集解《りょうのしゅうげ》』では、「田」とは「五穀」を植える地とされており、穀物栽培地全体を意味した。従って「田」とは、現代語で意味する田（水田）のみならず、いわゆる雑穀の畑を含む耕地全般を指すと考える方が実態に近い。

田の給付の種別や地目にはさらに、位田《いでん》、職分田《しきぶんでん》、功田《こうでん》、公田、賜田、園地、宅地、神田《しんでん》、寺田《じでん》などが「田令」に規定されていた。位田、職分田、功田、賜田などは、位階や職務に応じて給されるものであり、中には不輸租《ふゆそ》のものもあった。また、ここでいう「公田」とは、先に乗田としての存在を指摘した田にほかならず、口分田として給したものではなく、賃租用に供された田であった。

「園地」とは、『令集解』では「桑漆」を植える地とされており、「戸」毎に給され、桑・漆などの栽培用地とされている。戸の規模、また「郷土」の広狭によって、「上戸桑三百根、漆一百根」以下の栽培を課しており、調としての貢納に応じるための地であった。『令集解』は「園地」の条に「圃」の解説をも載せており、「菓瓜」の栽培地であるとの説を載せている。つまり「園地」とは、現代における野菜や果樹を始め工芸作物の畑に相当する土地利用であったことになる。

さらに、「宅地」は「舎宅」のある土地とされているが、『令集解』はその土地の範囲について、どこまでを含めるかの議論があること、またそれらの諸説を紹介している。

一方「神田、寺田」は、「田令」六年一班の条に「神田寺田はこの限りにあらず」としており、収授の対象外とされていた。

このように、すでに「田令」の段階から、同じく田ではあっても、収公の対象であるか否か、輸租であるか否かの別はあったものの、基本的にこれらは国家管理の土地であり、典型的には、輸租あるいは輸地子として国に土地税あるいは地代を納める土地であった。これらの「田」すなわち耕地について、六年一班として原則六年ごとに、「班田収授」と称する利用権の確認ないし再配分を行っていたのである。ただし、これらの地種には「神田・寺田」のような、原則として収公をしない、例外的に占有権が強い田の存在があったことには注意しておきたい。また、農地としては田のほかに、先に述べたような「園地」があったことになるが、「園地」は班田収授の対象ではなかったことにも留意しておきたい。

要するに律令国家は本来、私有地を原則として認めていなかったことになり、いわば公地・公水の原則をとっていたのである。農地以外の「山川藪沢」についてもこの点は同様であり、律令の「雑令」に、「山川藪沢の利、公私之を共にする」と公私の共同利用に供する土地としての規定をしている。つまり、山川藪沢はもともと私的占有や所有の対象ではなかったことになる。

ところが『続日本紀』は、慶雲三年（七〇六）に「王公諸臣」が「山沢」を、和銅四年（七一一）に「親王已下豪強之家」が「山野」を、さらに同六年に「諸寺」が「田野」を広く占有する状況であったことを記しており、土地の占有が進んでいた状況が知られる。このように、諸寺が田野を広く占有したことの法的根拠はもともと、すでに紹介した「田令」の「神田、寺田」の規定に存在したことになろう。

この時期、つまり八世紀前半ころにおいて、「田野」を広く占有した「諸寺」の様相が知られる例がある。寺田ないし寺領の存在を具体的に記したいくつかの史料があるので、まずそれらを概観しておきたい。

(2)　法隆寺領

奈良斑鳩《いかるが》にある法隆寺は、聖徳太子によって八世紀初めに完成したことが知られているが、天平一九年（七四七）「法隆寺伽藍縁起幷流記資財帳《がらんえんぎならびにるきしざいちょう》」には、水田三九六町余について領有面積の料分別内訳と、次のような所在の国郡別に面積を列挙している。

近江国栗太郡（面積を省略、以下同様）
大倭国平群郡・添上郡
河内国志貴郡・渋川郡・更浦（讃良）郡・和泉郡
摂津国兎原郡
播磨国揖保郡

このうち、最後者の播磨国揖保《いぼ》郡の寺田は二二九町余に上るが、「小墾田宮御宇」の「戊午年」（五九八）に賜った、と記されている。これは、中世の法隆寺領播磨国揖保郡鵤荘の前身であったとみられる。

この「水田」の所在地一覧に次いで「薗地」が書き挙げられ、同様に国郡別に面積を列挙している。さらに続く「山林岳嶋等」については、面積の記載はないものの、一まとまりの「地」ごとに四至を記載している。

また「荘倉」については、やはり国郡別に所在を記しているが、近江国については「在栗太郡物部郷」などと郷名まで記し、平城京内については「右京九條二坊」と条坊によって所在を記している。ただし、坊内の所在地の区画についての記載はない。

(3) 大安寺領

大安寺は、聖徳太子による創建伝承のある平城京内の寺院である。法隆寺と同じ天平一九年（七四七）の「大安寺伽藍縁起幷流記資財帳」があり、その記載では、「飛鳥浄御原宮御宇」に賜った「墾田地」九三二町について、次のように所在地を列挙している。

在紀伊国海部郡木本郷百七拾町

四至　東百世宅幷道　北山　西牧　南海

といったように、所在する国郡郷と、面積及び四至を記している。

続けて、同様に、

若狭国乎入（遠敷）郡嶋山

伊勢国員辨郡宿野原

三重郡宮原

庵芸郡城上原

飯野郡中村野

などの寺領についても、「開田」や「見開田」を合わせて、やはり四至（略）で所在地を表記している。

さらに、「飛鳥岡基宮御宇」に賜った「墾田地」九九四町についても同様であり、

伊勢国員辨郡志理斯野

同郡阿方野

三重郡赤松原

同郡河内原
同郡采女郷
同郡日野
鈴鹿郡大野
河曲郡牛屋窪
庵芸郡長浜
播磨国印南郡
赤穂郡
備前国上道郡
御野郡
津高郡
紀伊国海部郡木本郷葦原
近江国野洲郡
愛知郡
伊賀国阿拝柘殖原
美濃国武義郡
大嶋野

などの寺田について、やはり四至（略）によって所在地を表記している。
次いで、天平一六年（七四四）に賜ったと記された薗地二処につき、先に述べた法隆寺の荘倉のように平城京の条坊で表示しているが、この場合は坊内の「坪」の番号を加えて、次のように所在表記をしている。

合薗地二処　一在左京七条二坊十四坪
　　　　　　一在同京同条三坊十六坪

これが単に大安寺領の所在地表現としてのみならず、平城京としても「坪」の表現ならびに、番号による表記の両方の初見例であることはすでに述べた。先に取り上げた山背国久世郡弘福寺田の条里呼称による表現例の翌年にあたることにも留意しておきたい。寺領の所在表記は、国郡郷といった行政単位による表記が一般的であり、さらに場合によっては四至による表記を加えるのが普通であった。またさらに、「諸庄」の「庄倉」「屋」等についても国・郡・郷によって所在地を表現し、いくつかの例ではさらに四至を加えることによって位置を明示している。

(4) 薬師寺領

天武天皇の発願によって七世紀末に創建の工事が始まった薬師寺は、その後も建設工事が続いた。
天平勝宝元年（七四九）聖武天皇施入勅願文には、次のように薬師寺領を四至で表現している。

水田壱百町　近江国蒲生郡
四至　東限神崎蒲生堺幷佐々木山長峯南限鳥坂長峯
　　　西限五条畔　北限大

ここに記載された四至における、西の表現は条里呼称の一部のように見える。ただし、近江国の条里プランの完成年については改めて述べるが、完成した近江国蒲生郡の条里プランの条は、北から南へ数詞で数えるので、五条〇〇里というような表現で里を特定しないと西側の境界を示すことにはならない。この勅願文は、鎌倉時代の写しで誤脱があるとされているので、それが原因であるかもしれない。

(5) 寺領と所在表示法

このほか、天平勝宝元年(七四九)付けの「久米多寺領流記坪付帳」も、寺領田五六町余を記していることに言及しておきたい。ただし、この文書を収載した『大日本古文書 編年四』には「印文分明ナラズ、マタヤ、疑ウベキモノアリト雖モ姑クコ、ニ収ム」とされており、疑問が付記されている。しかし、印文という以外の疑点は示されていない。現在大阪府岸和田市にある久米田寺は、天平一〇年(七三八)行基の創建と伝えている。

そこで、同坪付帳に見られる疑問点のいくつかを示しておきたい。まず記載されている国・郡名の表現に疑問がある。冒頭に「和泉国行基菩薩肆拾玖院内寺領流記坪付事」と記載されている表現および、続く文中の「泉南郡上池田村」といった表現である。「和泉国」は、先に紹介した法隆寺領に「河内国和泉郡」と記されているように、元は河内国の一部であった。天平宝字元年(七五七)五月に国として分立したとされている。従って、立国より七年半ほども前の天平勝宝元年には、「和泉国」は国としては存在しなかったのである。「泉南郡」もまた八世紀中ごろには存在せず、もともとはやはり前記の法隆寺領の表現に見られるように「和泉郡」であり、その南部が後（おそらく中世）に分立したものである。

さらに「坪付」や「上久（米）多里二坪肆段弐佰肆拾歩」に始まる個々の田の所在表記もまた、八世紀の土地表示法としては異例であり、一〇世紀ころ以後の表現パターンである。八世紀には、里内の区画番号に小字地名的名称を付すのが一般的であるにもかかわらず、そうはなっていない。しかも、区画番号に「坪」の語を付すのも一〇世紀以後に一般化した様式であり、前記の「和泉国」に始まる「坪付事」という表現も含めて、はるか後世の表現と言わざるを得ない。「坪」の語も平城京では用いられていたが、東大寺領などの例に見られるように、八世紀であれば、使用するとしても「坊」と表現したはずである。「坪」は八世紀において、先に紹介した大安寺領の例のように、平城京内における坊内の区画の表現であった。

つまりこの文書は、この年次に仮託した後世の偽作である可能性がきわめて高く、ここでの考察対象から外さざるを得ない。

以上のように久米多（田）寺の例は除外せざるを得ないが、少なくとも法隆寺は五九八年以来、大安寺は七世紀末の天武・持統朝以来の「水田」あるいは「墾田」を領有していたことが知られる。これらは、先に紹介した『続日本紀』に記事にみられるような、八世紀初めにおける、諸寺による田野の占有の具体例であることは明確である。やや遅れるが、薬師寺もまた聖武天皇以来の「水田」を領有していた。

さらにこれらの寺領が、平城京内の所在表示を除いて、いずれも国・郡・郷等の所在地と、東西南北の四至による表示となっていることにも注意しておきたい。先に述べたように、山背国久世郡の弘福寺田については、天平一五年（七四三）にすでに条里プランによる表記をしていた。弘福寺についても、法隆寺・大安寺と同じように、この時期から寺領を有していたことが知られる。同寺領については改めて検討を加える必要がある。

ここにあげた法隆寺や大安寺の例のほかにも、弘福寺田をはじめ大和国額田寺領など、条里プランとの関連において検討を加えることが可能な資料の存在する例がみられる。さらに、時期はやや遅れるが、東大寺の多くの荘園もまた、正倉院宝物の開田地図を含む、豊かな資料に恵まれている。

以下これらの古代寺院領について、条里プランとの関係を中心に、具体的に検討していきたい。

2　大和国額田寺の寺辺領

（1）「額田寺伽藍並条里図」の条里プランの表現

「額田寺伽藍並条里図」と称されている布製の古地図があり、大和国平群《へぐり》郡の額田寺《ぬかだでら》（大和郡山市、現在の額安寺付近）一帯を描いている。図の全面に「大和国印」が押印されているが、「大和」は、天平勝宝八歳（七五六）から天平宝字元年（七五七）に「大倭」から改められた用字である。また、図中に記載された「中臣朝臣毛人《なかとみのあそんえみし》」は天平宝字二年と、同八年（七六四）に、「巨勢朝臣古万呂《こせこまろ》」はやはり天平宝字八年に叙位を得ていることが知られる。山口英男はこれらの点を指摘して、天平宝字年間をさほど下がらない時期に作成されたものと推定している。

同図には、図6のような四ヵ里にわたる範囲が描かれており、西北の里の北東部の里の外側と、西南の里のやはり北東部里外に、いずれも「第四額田里」と標記されている。つまり、西北と西南の二つの里名は、同じ「第四額田里」であったことになる。周囲のうち、東・西・南の三方が欠落しているためか、条が記載されていないが、『大和国条里復原図』などの現地比定によれば、同図北半部が平群郡九条、南半部が同一〇条であったことになる。この比定地一帯は現在、額田部丘陵と呼ばれている丘陵地帯とその周辺であり、丘陵中には額安寺と称する寺院がある。

里名が同一であったとしても、条の記載を伴うことによって位置の特定は可能であり、条里プランとしての機能は十分に果たしていたことになる。このような里名の在り方は、先に紹介した「大和国添下郡京北班田図」にも見られるところである。同図の一部の基図に利用された京北四条班田図には、ほかの部分と異なり、里名が「第四忍熊里、第五忍熊里、第六遊師里」のように標記されており、里名に序数を冠している点で「額田寺伽藍並条里図」の場合と類似する。この京北四条班田図が宝亀五年（七七四）であり、「額田寺伽藍並条里図」もまた、同じころの班田図を基図としていた可能性が高く、序数を冠した里名や、里の方形を隣接の里とやや離した表現などについて、両者の類似性も高い。

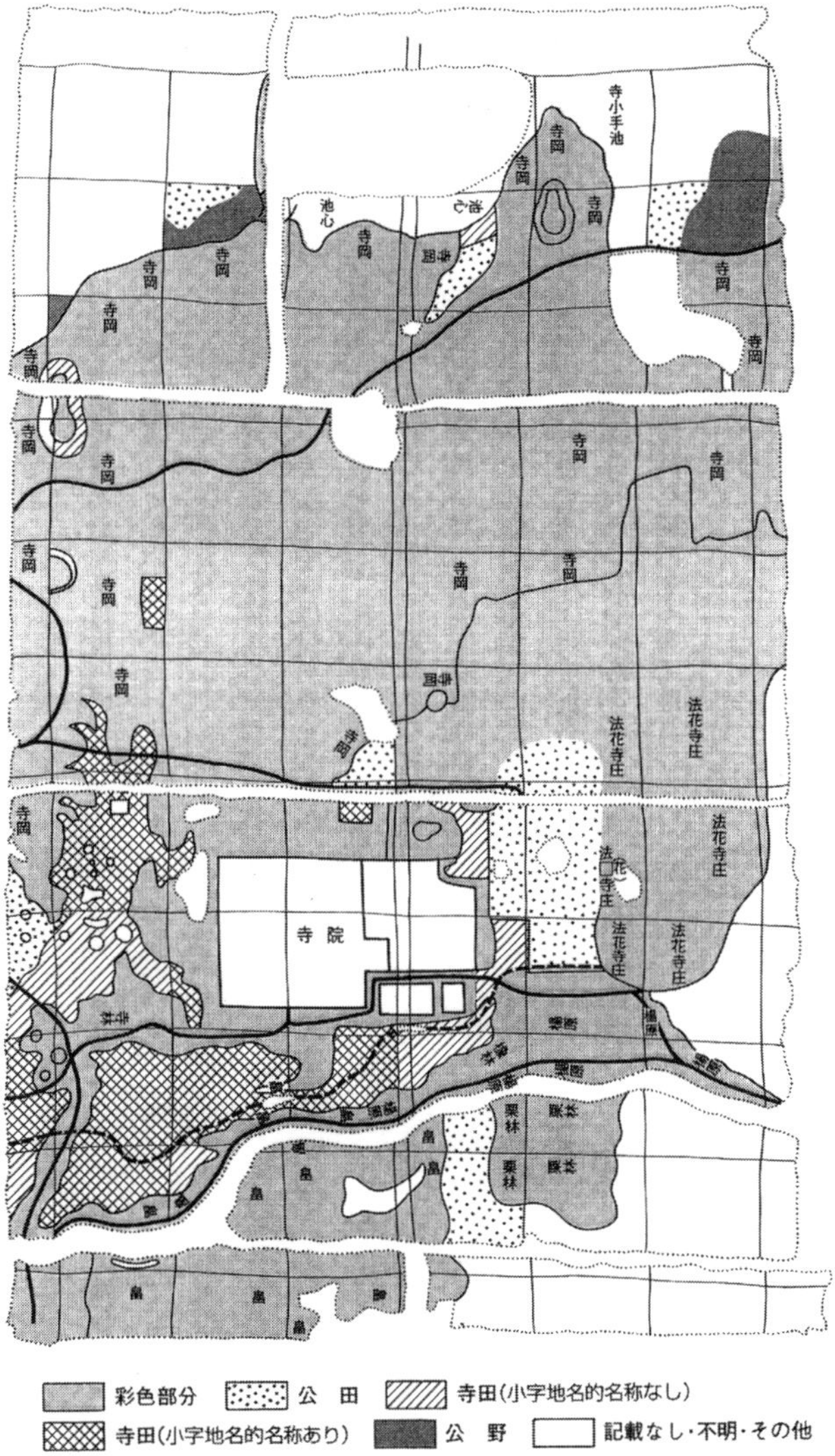

図６　額田寺伽藍並条里図の概要

（2）「額田寺伽藍並条里図」の施設・土地利用の表現

「額田寺伽藍並条里図」には、図7のように、中央付近に額田寺の伽藍が絵画的に表現され、その東側に「食殿・板屋・竈屋」などが点在する区画と、「務屋」などのある「東太衆《（ママ）》」の区画、東南部に「南院」と「馬屋」の二つの区画が描かれている。

伽藍の北側一帯には「寺岡」が広がっている様子が描かれている。この「寺岡」は、現在の額田部丘陵と呼ばれている部分に相当し、絵画的な樹木や草地表現の周囲を境界線と考えられる線が取り囲み、三カ所の「石柱（寺）立」と記された標柱が境界に設置されている。さらに「（船）墓」と記された円墳と前方後円墳と思しき古墳などの四か所の古墳が描かれている。「寺岡」東南部付近には「巨勢朝臣古万呂家」「日根連千虫家《ひねのむらじちむし》」「中臣朝臣毛人家」などが描かれており、この境界に関わる位置を意識した表現と見られる。

境界線の北側には、三カ所の「公野」と「公田」が標記され、面積が記された部分とそうでない部分があるものの、「寺岡」の境界外であることが明示されている。

「寺岡」の南側境界外の「田」には、「寺田」が多いが、それ以外のものもある。「寺田」には、小字地名的名称と面積が記された部分と、単に寺田として面積が記とされているだけの部分があり、図6のような分布状況である。ほかに、面積記載がなく、「公田」あるいは「法花寺庄」とだけ標記された区画がある。

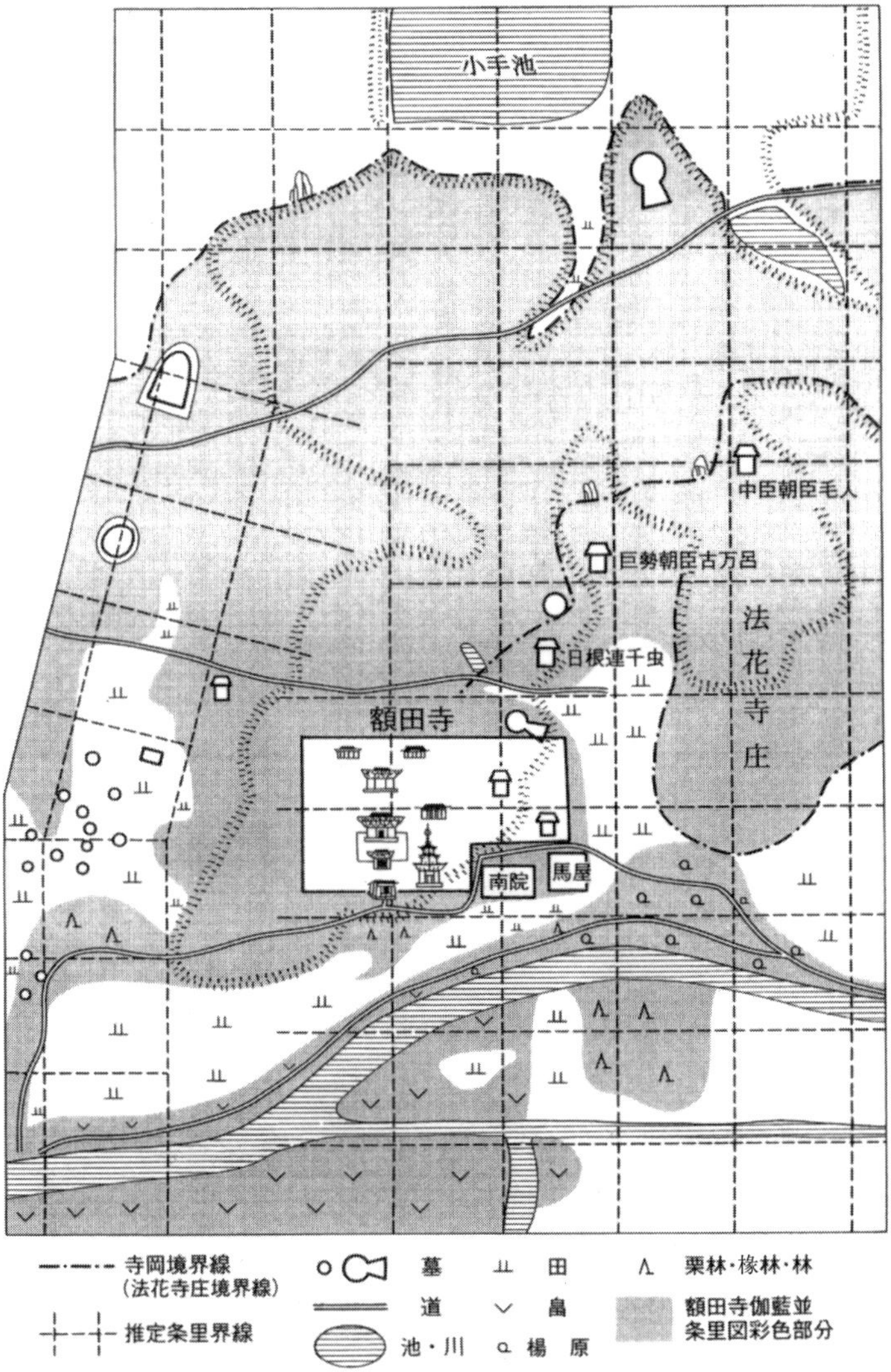

図7　額田寺伽藍並条里図比定地の景観認識の概要

とくに注目されるのは東南の里の十六、廿、廿一、廿八（坊）に相当する、隣接した四区画にわたって「中臣朝臣毛人家」ないし「同毛人家」といった標記があることである。「中臣朝臣毛人家」がこれらの四区画にわたって存在したことを示し、条里プランによって、方格の区画ごとに所在を記載する土地表記法の反映だと考えられる。寺岡の面積が逐一標記されているのは、同一区画に「公田」や「巨勢朝臣古万呂地」などの寺岡以外の領有関係が存在する場合に限られることも、同様の土地管理・表記法を反映しているものとみられる。

図の北部に、楕円状の大きな欠損とその東南に勾玉《まがたま》状の欠損部分があり、南部には帯状のやはり欠損部分がある。北部のそれは後の大池、勾玉状のそれは後の東池、南のそれは佐保川に相当する。いずれも水面であり、青系の彩色に使用されたことの多い緑青《ろくしょう》を含む顔料による欠損である可能性が高い。

北部のものは西側に「堤」と記された細長い表現があり、欠損部の東側の区画に「字小手池」との標記がある。小手池と称した、西側に築堤を施して築造した溜池と考えられる。

小手池（大池）は現在消滅しているが、その東南の勾玉状ものは現在も残る東池の形状に近く、浅い谷の北側に築堤して築造し、堤防上を道としたものと思われ、現在もほぼ同じ形態と機能が継続している。

南側の佐保川に相当する存滅部の沿岸付近には、「（額）寺楊原」「（額）寺栗林」「橡林」「寺畠」などの所在が、面積とともに標記されている。楊原には樹木状の表現もあり、これらは河道沿いの自然堤防の微高地上における土地利用であったとみられる。

（3） 額田寺の寺田の在り方

さて、「寺田」の表現とその分布状況を見てみると、伽藍を描いた「寺院」の区画の西側と、東側及び東南部に図6のように「寺田＋面積」の様式の標記が多く、それ以外の寺田は基本的に「寺＋小字地名的名称＋面積」の様式による標記である。同じ寺田ではあっても、小字地名的名称が付されているものと付されていないものの二様が見られるのである。例外は伽藍西北部の前方後円墳様の表現（現在の狐塚古墳）の周濠部の寺田である。さらに詳細に検討すると、寺院西側の「寺田＋面積」部分には、小さな丸などの表現が点在しており、これは現在の来迎墓ノ間古墳群に相当するとみられる。つまり、「寺田＋面積」の様式の部分は、額田寺及びその経営に関わった額田部氏の古墳周辺など、額田部氏の権利が非常に濃厚な部分であると考えられることになる。

一方、「寺＋小字地名的名称＋面積」の様式部分は、小字地名的名称が条里プラン施行初期段階での土地管理システムの中で使用されたことからして、その過程に関わる段階で寺田に編入された可能性が高いことになる。

大雑把に表現すれば、「寺田＋面積」の部分が古くからの寺田、「寺＋小字地名的名称＋面積」の部分が少し後の条里プラン編成時頃に編入された寺田、と見られる可能性が高いと考えられる。

しかも図6に概要を示したように「額田寺伽藍並条里図」上では、狐塚古墳に相当する前方後円墳は、北西の里の一五坊相当区画の西側の区画線上に位置している。同様に来迎墓ノ間古墳群は西南の里の一三坊と一四坊に相当する区画にわたって表現されている。同図の表現では、来迎墓ノ間古墳群は狐塚古墳の南側でやや東寄りにあったことになる。しかし実際には、図7のように来迎墓ノ間古墳群は狐塚古墳の南側ではあるものの、明らかに西側寄りに相当する位置である。しかも狐塚古墳自体が、「額田寺伽藍並条里図」に描かれているような、中軸線が南北方向ではなく、北北東—南南西に傾いているのである。この狐塚古墳の周濠部分と来迎墓ノ間古墳群一帯に、先に述べたように「寺田＋面積」の標記の寺田が分布するのである。

この部分が寺田として先行した部分であったという、先に述べた推定に従って、次のような可能性を想定すれば最も自然に理解することができる。

額田部氏は、大和国に条里プランが導入される以前から、額田寺の寺辺および、狐塚古墳の周濠部分と来迎墓ノ間古墳群一帯に水田開発を進め、寺田としていた。その際、狐塚古墳の軸線方向を南北方向とみなして水田の所在確認基準としていた。その後新たに寺田が編入され、また新たに編成された条里プランによって寺田全体を表記する必要が生じた。この折に、それまで狐塚古墳の軸線方向を南北方向とみて水田の所在確認をしていた以前からの寺田を、ほぼそのまま、新たな条里プランの方格網に組み込んだ、という過程の可能性である。

このように考えることができるとすれば、「額田寺伽藍並条里図」上では図6のように整然とした方格の条里プランに位置付けられて表現されているが、地形的に見通しのきかない西側の一部では、

図7のように傾いた方向での認識が組み込まれていたことになろう。

このような状況であったとすれば、額田寺伽藍の西側一帯では、実際の方格とは異なった空間が存在したことになる可能性がある。興味深いことに、「額田寺伽藍並条里図」では、この部分に相当する西南の里の一坊相当区画に、「寺田一町三段三百卅六歩川原田者」と標記されている。ただし、「一町」には右傍に点を付して抹消を示し、「三段」の数字は下の文字の上に重ね書きされたものであることが指摘されている。ただし、このような訂正が何時の時点のものかは不明である。

条里プランが整然とした方格だと考えるとすれば、厳密には一区画内が一町以上の面積であることはないはずであるが、方格が不正確な場合にこのような一町以上として標記されている例は少なくない。例えば天平神護二年（七六六）東大寺領越前国坂井郡鯖田《さばた》国富《くにとみ》荘でも、一八ヵ坊にわたって一町以上の田の所在が記されている。さらに、天平神護二年越前国司解に記載された東大寺領足羽郡道守荘域内の改正田にも面積一町以上の区画が少なくとも三ヵ所存在する。額田寺図の標記は誤記であったと考えられたのであろうが、誤記と理解した時点は不明であり、作製の当初時点では実態を反映した面積であると考えられていた可能性がある。

そのような誤記が生じた背景に図7のような方格の認識、つまり場所によってやや異なる位置や方位の方格の認識が存在していた可能性がある。例えば狐塚古墳と来迎墓ノ間古墳群が図7西端のように認識され、それが図6のような全体として一連の方格網に位置付けられているとすれば、すでに述べたような古墳の位置関係や、右のような誤記ないし、誤記と判断された標記が現実に起こり得た可能性がある。つまり、現実の認識が図7のようであったとすれば、額田寺の西南付近一帯は、方格網の空間が広かったことになるからであり、現実に一町以上の田が存在し得たのである。

この状況を条里プランの編成過程から見ると、条里プランの編成とは、既存の田の存在を、まず規則的な条里プランの方格（坊）に位置付けていく手続きであったことになろう。このプロセスにおいては、水面や山・丘陵といった地形的に隔てられた部分において、それぞれの地域のまとまりにおける個別の認識があった可能性を考慮する必要がある。地形的な隔たりは、当時の観察ないし測量についても障害となったであろう。さらに班田図の作製に際して、先に紹介した「天平十五年九月九日勘注図」のように、個別の地図が特定の場所について作製されておれば、部分的にそれを利用して班田図が編集された可能性もある。とすれば「額田寺伽藍並条里図」の表現の状況は、必ずしも例外ではないことになる。

3　初期の弘福寺領

（1）　弘福寺田畠流記帳

和銅二年（七〇九）弘福寺田畠流記帳には、同寺田が次のように記されている。なお、漢字及び漢数字などを、現代風の表現に変えている。また（　）内は、後世ないし一般的な用字を参考に加えたものである（以下同様）。

弘福寺田畠流記帳

弘福寺川原

田一五八町四段一二一歩

陸田四九町七段三歩

大倭国広瀬郡大豆村田二〇町二段二一歩
山辺郡石上村田二八町四段一四六歩
葛木（城）下郡成相村田一町二段七二歩
高市郡寺辺田三町三町
陸田一一町九段一〇二歩
内（宇智）郡二見村陸田六段

河内国若江郡田一二町六段一四〇歩

山背国久世郡田一〇町二三八歩　陸田三七町一段二六一歩

尾張国仲（中）島郡田一〇町四段二八一歩
爾波（丹羽）郡田一〇町

近江国依智（愛知）郡田一一町一段三六歩
伊香郡田一〇町二段二二八歩

美濃国多芸郡田八町
味蜂間（安八）郡田一二町

讃岐国山田郡田二〇町

和銅二年歳次己酉十月廿五日（以下略）

この流記帳冒頭の寺名に併記されているように、弘福寺は川原寺とも呼ばれ、天武天皇二年（六七三）以前に創建された飛鳥四大寺の一つであった。

右の流記帳に記されているように、和銅二年（七〇九）には、大倭国広瀬郡・山辺郡・葛木（城）

下郡・高市郡寺辺・内（宇智）郡、河内国若江郡、山背国久世郡、尾張国仲（中）島郡・爾波（丹羽）郡、近江国依智（愛知）郡・伊香郡、美濃国多芸郡・味蜂間（安八）郡、讃岐国山田郡などに、合計して田一五八町余、陸田四九町余を有していたことが知られる。このうちの山背国久世郡の分が、条里プランによる初期の表現例として、先に取り上げた弘福寺田である。まず、この山背国久世郡の弘福寺田から詳しく見ていきたい。

（2）山背国久世郡弘福寺領と条里プラン

すでに紹介した、天平一五年（七四三）「山背国久世郡弘福寺田数帳」は、条里プランによって次のように寺田を表記している。

合田壱拾町弐百三拾捌（一〇町二三八）歩久世郡

（中略）

路里十七口利田二段七十二歩、上中北

十九日佐田（面積等略、以下同様）

廿川原寺田

廿一川原寺田

廿七井門田

廿九川原寺田

□□川原寺田
卅一川原田
卅二川原寺田
卅三酔田
卅四門田
紋屋里四門田
五酔田
六酔田
家田里廿四御田
廿五家田
廿六家田
卅三家田
卅四川原田
卅五川原寺田
卅六川原寺田
難田里一酔田
三酔田

四御田

東列（並）栗郷戸主（中略）田、（中略）

南西同郷戸主（中略）田、薬師寺田圃、（中略）

北圃乗田、同郷戸主（下略）

このように、条里プランで表記した後、寺田全体の所在を四至でも表現していることになる。また、この久世郡弘福寺田の面積は一〇町二三八歩と記され、前記の流記帳の記載面積とまったく同様である。つまり和銅二年（七〇八）にはこの弘福寺田は成立していたとみられる。

さて、この記載が表現している寺田の分布状況は、すでに虎尾俊哉によって推定されているように、先ず千鳥式坪並みであったと考えるのが分布のまとまり状況から見て合理的である。ただしすでに述べたように、山背国北部四郡ではいずれも千鳥式であったものの、西から東へ一列目を数え進む場合と、南から北へと一列目を数え進む場合とがあり、それに条の配列も対応していたので、これだけでは、条の配列方向は不明である。つまり、千鳥式という坪並みだけでは条の配列は確定できず、いずれの場合もあり得ることになる。

虎尾は、東南に路里、東北に紋屋里、西南に家田里、西北に難田里が位置していたと推定し、東南隅から始まって西に数え進む千鳥式坪並みが、最もまとまりの良い寺田の分布状況であるとした。つまり、東から西へ条を数え進む場合を想定していることになる。

一方、現地に残存する小字地名を主要なよりどころとして推定された、谷岡武雄による久世郡条里の坪並みの復原案は、虎尾の推定と同様の坪並みと、東から西へと数え進む条を推定している。谷岡は、条が東から西へ数え進むとした上で、里は固有名詞であるが、南から北へ配列したものであろうと推定した。これも右の「弘福寺田数帳」における里の配列と矛盾はしない。

ところが、延久四年（一〇七四）「弘福寺領山城国荘田注進状写」には次のような里の配列で、寺領が記載されている。石上英一の紹介によれば、次のように「弘福寺山城庄」が記されている（面積の記載を省略）。

十二条家田里廿四坪、廿五坪、廿六坪、卅三坪、卅四坪、卅五坪、

難田里酔田、

十二条路里十七坪、十九坪、廿坪、廿一坪、廿七坪、廿八坪、廿九坪、卅坪、

卅一坪、卅二坪、卅三坪、卅四坪、

紋屋里四坪、五坪、六坪、卅一坪、

田里九坪、十坪、十一坪、十二坪、十六坪、廿一坪、廿二坪、卅五坪、卅六坪

難田里一坪、二坪、三坪、四坪、卅一坪、卅二坪、卅三坪、卅四坪、卅五坪、卅坪

榛尾里一坪、二坪、三坪、四坪、五坪、六坪、

水度里六坪、七坪、

阿難里一坪、二坪、三坪、四坪、五坪、六坪、

科手里四坪、十九坪、廿坪、廿八坪、廿九坪、卅坪、卅五坪、卅六坪、

阿相里廿二坪、廿三坪、廿五坪、廿六坪、廿七坪、卅五坪、卅六坪、

同下里一坪、二坪、

この一一世紀後半の資料における条里プランの表現として、「坪」が用いられているのはきわめて一般的であるが、二番目の里に一ヵ所、「難田里酔田」とだけ記されているのは異例である。前掲の天平一五年の弘福寺田数帳には難田里に酔田という小字地名的名称があるので、それがこのような形の記載に結びついたと考えておきたい。ところが「難田里」の里名自体が、六番目に再び記されているので、いずれかが誤記である可能性が高いとみられる。

さらに難田里と路里にだけ十二条と記され、ほかには条が記されていないことにも気が付く。ただし、家田里と難田里、路里と紋屋里が同じ条であったことを示している可能性はある。石上によれば、冒頭の十二条家田里の条数は、十一に一を書き足したものとされるが、そうであれば家田里と難田里が十一条、路里と紋屋里が十二条であった可能性があることになろう。

いずれにしても天平一五年の弘福寺田数帳には、路里、紋屋里、家田里、難田里の順で記載していたから、延久四年の弘福寺領注進状写に、家田里、難田里、路里、紋屋里と記しているのとは、里の配列と記載の順番が異なっていることになる。このような条と里の記載には、今のところこれ以上、立ち入って検討することができないが、この条の記載には疑問が多いことになる。

(3) 山城国久世郡・綴喜郡の条里プラン

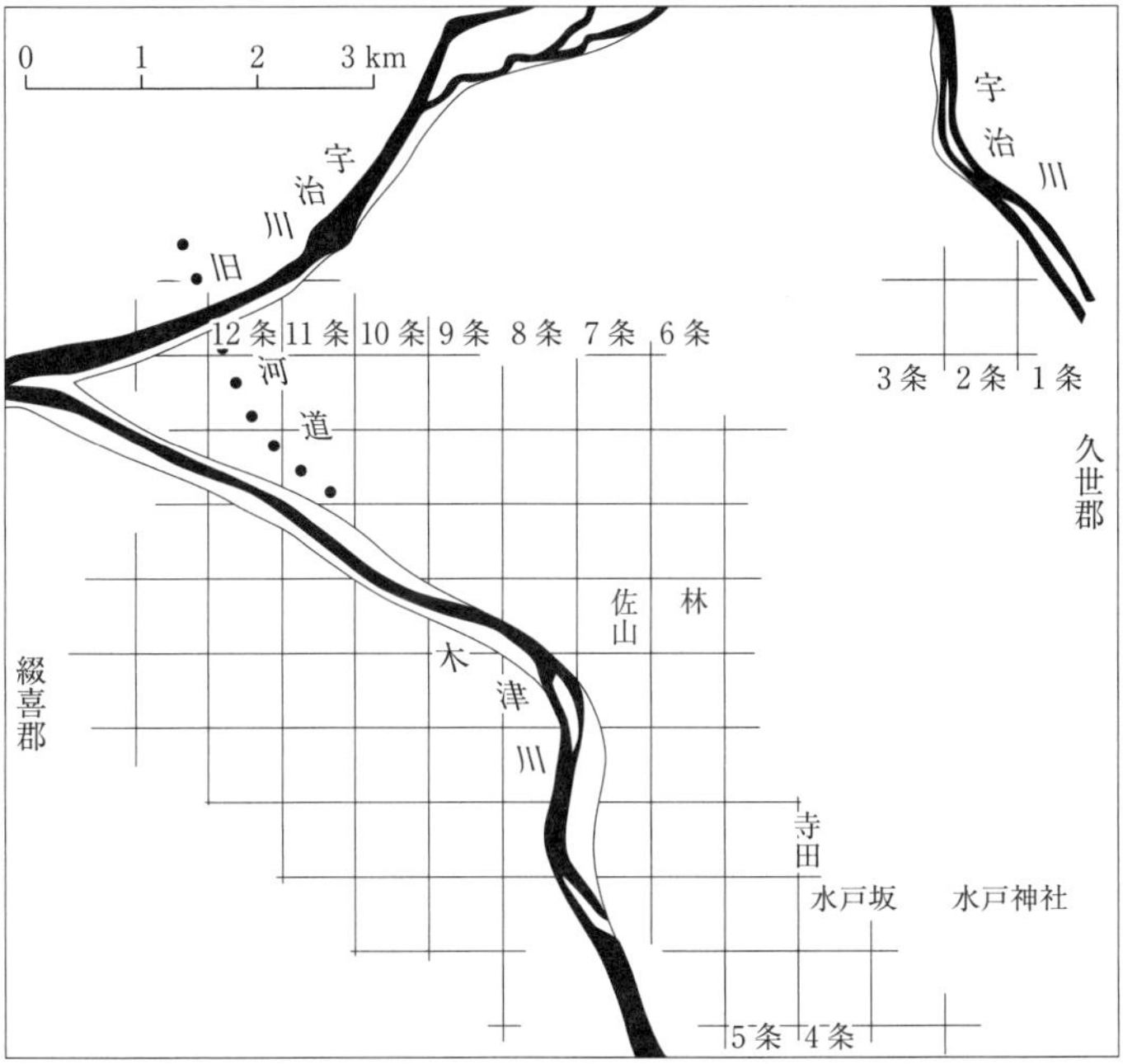

図8　山城国久世郡の条里プラン（復原は谷岡武雄による）

虎尾は、坪並み以外には山背国久世《くぜ》郡の条里プランには言及していないが、谷岡武雄は残存する条里呼称の位置、具体的には旧久世郡大久保村の一の坪、三の坪、四の坪、五の坪、十二、などの小字地名の位置から、里の東南隅に始まり、西に数え進む千鳥式の坪並みを復原し（図8参照）、さらに郡の東端付近から西へ数え進む条の配列を推定している。また綴喜郡についても同様の方法で、里の西南隅から北へ数え進む千鳥式坪並みと、南から北へ数え進む条からなる条里プランを復原している。

なお石上は、延久四年の弘福寺領注進状写に記載された、十一ないし十二という条数と、谷岡の条里復原案に従って、留保付ではあるものの、久世郡西北隅の宇治川と旧木津川との合流点付近に弘福寺領の所在地を想定している。

ところで山城国久世郡と綴喜《つづき》郡の条里プランについては、長保三年（一〇〇一）山城国禅定寺領について、次の様な記載がある。

（前略）

綴喜郡中村郷畠

合

畠一段　在拾条楡瀬里一五坪

（中略）

畠一段百二拾歩　在中村郷下古川里卅一卅二両坪内

（中略）

畠三段七拾六歩　在同里廿廿一二十九并三箇坪内

（中略）

久世郡竹淵郷畠

畠二段捌拾歩　在二条古家里十五坪

（中略）

畠六段　在拝師郷楡田上里廿廿一両坪

（中略）

畠二段百四拾歩　在六条上楡田里廿一坪

（中略）

杏山壱処　在綴喜郡田原郷字山田

合壱千町

（中略）

墾田壱町八段三百三拾歩

在同郷廿二条男石里廿三谷川里（面積略、以下同）、十四坪、廿五水口里、二十六坪水口里、

卅五坪

（中略）

家地六段　在同条里廿六坪三段、一坪三段

（下略）

禅定寺は、現在も綴喜郡宇治田原町にある寺であるが、ここに抄録した記載にはもともと誤記があると思われる。とくに綴喜郡の墾田については、混乱が多いが、少なくとも次の点を知ることができる。

同寺は、次のような寺領を有していた。

①綴喜郡田原郷に一〇〇〇町に及ぶ杏山、

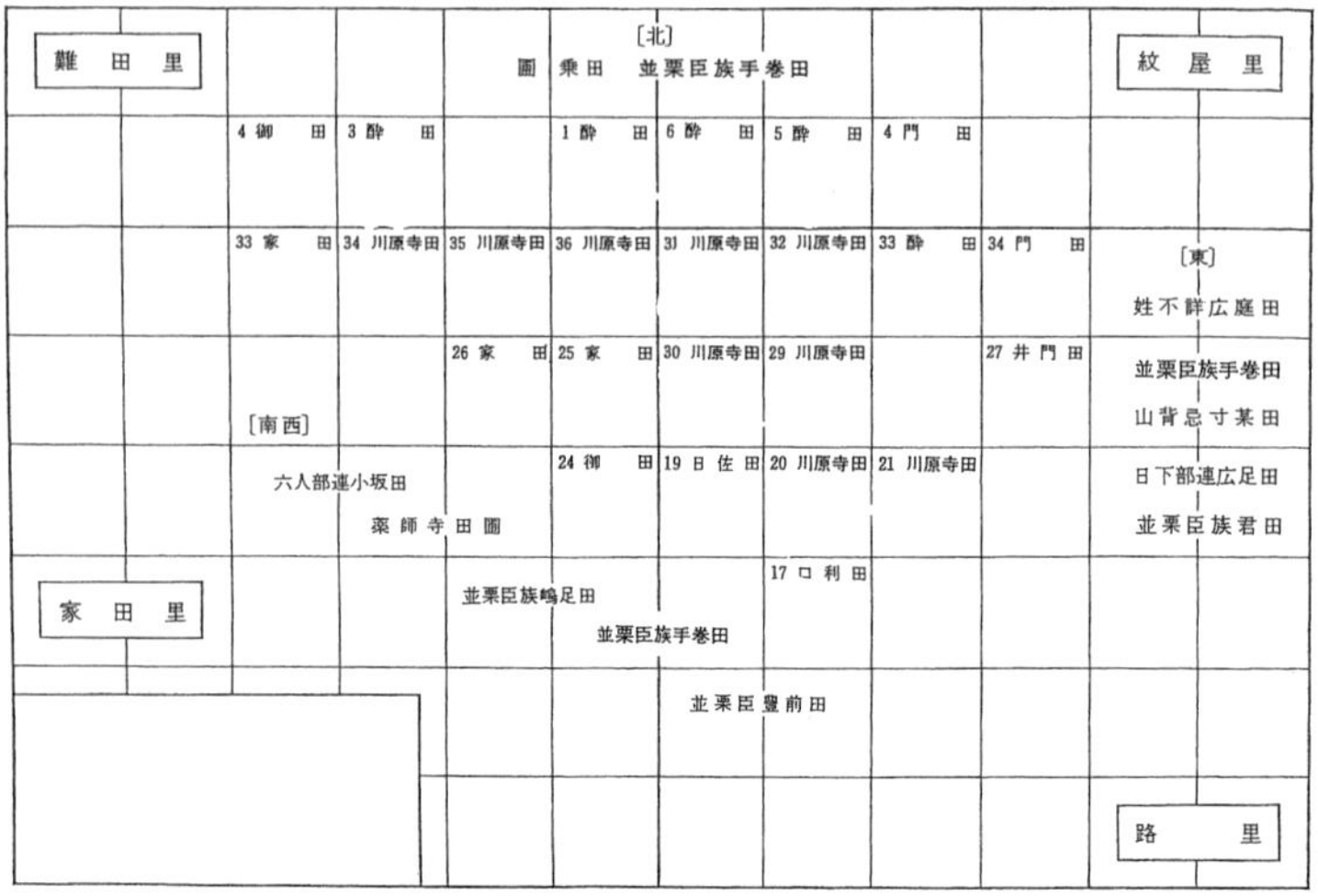

図9　山背国久世郡弘福寺田と条里プラン（虎尾俊哉原図を簡略化）

②綴喜郡田原郷二二条男石里、二三谷川里（?）、廿五水口里（?）等に墾田、
③綴喜郡中村郷一〇条楡瀬里、下古川里に畠、
④久世郡竹淵郷二条古家里、拝師郷六条楡田上里、六条上楡田里（?）等に畠、

谷岡によれば綴喜郡の条里は、木津川西岸に、南端の一条から一六条ないし二〇条くらいまで推定されている。とすれば、②の二二条男石里などはここには存在し得ないが、東岸丘陵中の寺辺にあたる「田原郷」に、二二条男石里などが別途に設定されていたものであろう。③の中村郷一〇条などは、谷岡の復原条里プランによれば、木津川西岸の京田辺市大住付近となる。

一方久世郡条里は図8のように、宇治市旧市街地付近から西へ条を数え進むと推定されている。この推定を基礎として『宇治市史』は、④に久世郡二条付近と記された竹淵郷を、宇治市から城陽市にかけての丘陵地帯北側にあたる、宇治市小倉付近に推定している。しかし、この推定条里プランによるとしても久世郡二条は、丘陵地帯北側だけではなく、丘陵地帯南側にあたる、城陽市富野のJR長池駅西側付近の平野部にも相当する可能性がある。

ところで現在の禅定寺の位置は、綴喜郡宇治田原町の国道三〇七号線の北側である。この付近の国道三〇七号線のルートは、基本的に「田原道」と呼ばれた古代以来の主要道のルートであった。八世紀の藤原仲麻呂の乱の折、東山道（兼北陸道）から近江国府に入ろうとした仲麻呂一行に対し、孝謙上皇軍が田原道から先回りをした、として『続日本紀』にも記録された、著名なルートでもある。「田原道」は、木津川東岸から、青谷川沿いの谷を辿るルートであり、一一世紀冒頭にも道として機能していたと考えられる。おそらくこのルートの木津川流域平野の出口付近に久世郡内の禅定寺領畠があった、と考えるのが最も可能性が高いであろう。とすれば先に述べたように、③の綴喜郡中村郷の禅定寺領畠はその木津川対岸に近いことになる。寺領の経営上から見れば、田原道によって結ばれた畠は極めて有利な位置である。この点は宇治川下流域の宇治市小倉付近よりも恵まれた交通位置であろう。

さらに④のように「久世郡拝師郷六条」にも禅定寺畠があったが、谷岡による推定条里プランの七条付近に宇治市林があり、この付近一帯がかつての拝師郷の遺称地であったと考えて大きな矛盾はない。

右のような禅定寺領畠の位置推定の可能性からすれば、谷岡の条里プラン復原には疑問が少ないことになる。

（４）久世郡弘福寺田の位置

繰り返しになるが、天平一五年の弘福寺田数帳には四ヵ里の里名はあるが、条の記載はない。延久四年の弘福寺領注進状写に見られる、「十一」ないし「十二」の条数と、谷岡の条里復原案に従って、留保付ではあるが、石上は久世郡西北隅付近に弘福寺領の所在地を想定している。また、延久四年の弘福寺領注進状写の記載に誤記などが含まれている可能性があることはすでに述べた。一方、同注進状写が寺領について記した時点では、一二（一一？）ヵ里もの里に寺田が分布していたことも知られる。ただしこの時期は、弘福寺が寺勢振るわず、東寺によって弘福寺領の文書の整理が進められた時期でもあった、と指摘されていることには考慮する必要があろう。

このような多くの寺領の背景には、先に述べた和銅二年（七〇九）弘福寺田畠流記帳に、「山背国久世郡田一〇町二三八歩　陸田三七町一段二六一歩」と、田一〇町二三八歩のほかに、陸田三七町一段二六一歩を記載していることに関わると考えられる。田のほかにも、八世紀初めころには、すでに多くの寺領を保有していたのである。ここに記された「陸田」とは、「弘福寺田数帳」の寺田の四至に記載された「圃」と同じような土地であった可能性が高い。「弘福寺田数帳」では、田一〇町二三八歩、荒廃田四町一段三三一歩とされ、田はまったく同一面積である。この荒廃田や陸田が、延久四年の寺領田のように、多くの里に寺領田が拡大した基礎となったものであろう。

さらに、四至に何人もの「並（列）栗郷戸主」の田があることも知られる。

この弘福寺田は「並（列）栗郷」戸主等の本拠に近いところにあったものとみられるが、郷自体の比定地あるいは中心地は明確ではない。ただし、直接の類似性を推定するのは難しいが、宇治市佐山東部に双栗という地名や式内社双栗神社があることは述べておきたい。同神社は、『三代実録』貞観元年（八五六）の条にも見える。

類似地名という点では、延久四年の同寺領注進状写に記載される「水度里」と同じ地名が、城陽市寺田東方の水度神社や、「水度坂」という小字地名として見られることに留意する必要があろう。「水度」は必ずしも一般的な名称ではないが、それが近接した二ヵ所にわたって存在することを考慮する必要があろう。問題のある同注進状写の十一ないし十二条の記載を仮に考慮から外すとすれば、この「水度」に近い城陽市寺田付近が東山道にも近接し、弘福寺田として好立地の場所であろう。

（5）　久世郡弘福寺田の構成

天平一五年の「山背国久世郡弘福寺田数帳」の記載内容に戻りたい。これには弘福寺田が次の様な二種類の様式で記載されている。

例えば「（家田里）卅五川原寺田八段、上中」といった「数字＋川原（寺）田＋面積＋田品＋坊内の位置」という様式の表現と、

例えば「路里十七口利田二段七十二歩、上中北」といった「数字＋小字地名的名称＋面積＋田品＋

坊内の位置」の、いずれかの様式である。

図9のように「数字＋川原（寺）田」の方が中心部に集中しており、「数字＋小字地名的名称」の田が周辺部に分布していることにも留意したい。

このような二様の表現は、すでに検討した「額田寺伽藍並条里図」の番号を付した区画内における、「寺田＋面積」の形と「小字地名的名称＋面積」の形の二様の標記となっていることと類似したパターンである。額田寺領の場合に準じて、「数字＋川原（寺）田」の方がもともとの古くからの川原寺田、「数字＋小字地名的名称」の田がやや遅れて加えられた川原寺田、と考えられる可能性がある。前者には、現作（堪田）か荒（荒廃）かは別として、「上中」（上の中）という、本来高い評価の田が多いこともこの推定に関わる可能性がある。

このように考えるとすれば、条里プランの編成過程において、寺田の扱いないし表記に違いが生じた可能性を推定することになる。古くからの寺田を、国家管理下になかった田として「数字＋川原（寺）田」の形で図籍に記載し、後に寺田に加えられた寺田を、口分田・公田など、他の国家管理の田と同様に「数字＋小字地名的名称」の形で班田図に標記し、田籍にも表記した可能性を推定したい。

この推定が成立するとすれば、山背国久世郡の弘福（川原）寺領と、大和国の額田寺領の成立過程に類似のプロセスを想定し得ることになる。

4　讃岐国山田郡弘福寺領と条里プラン

（1）弘福寺領讃岐国山田郡田図の表現

「弘福寺領讃岐国山田郡田図」と称する天平七年（七三五）の年紀が記された地図が残っている。天平七年という年紀は、現存の地図の中では最も古い時期であり、延暦一三年（七九四）の弘福寺文書目録に「讃岐国田白図一巻」と見えるものに相当するとみられている。しかし、「白図」とは押印のない地図の意であり、現存のものには「弘福之寺」という寺印があるが、これもまた八世紀の官印（通常であれば「弘福寺印」）ではない。石上英一によれば現存の「弘福寺領讃岐国山田郡田図」は、一一世紀後半に東寺長者政所によって作製された、原本に忠実な写本と考えられている。

さて同図に描かれた弘福寺領は、南北二地区に分かれているが、その内の北地区は図10のように表現されている。同山田郡田図の集計部分の記載によれば、南北合わせた山田郡の弘福寺田は、計二〇町一〇束代（一町は五〇〇束代）の「田」と一四一三束代（二〇町二九七歩余）の「畠」からなっていた。

先に紹介したように弘福寺田には、和銅二年（七〇九）の流記帳に、「讃岐国山田郡田二〇町」と記載されたものがあった。この寺田は従って、すでに述べたように、山背国久世郡の弘福（川原）寺領と同様に、和銅二年には成立していた寺田であった。

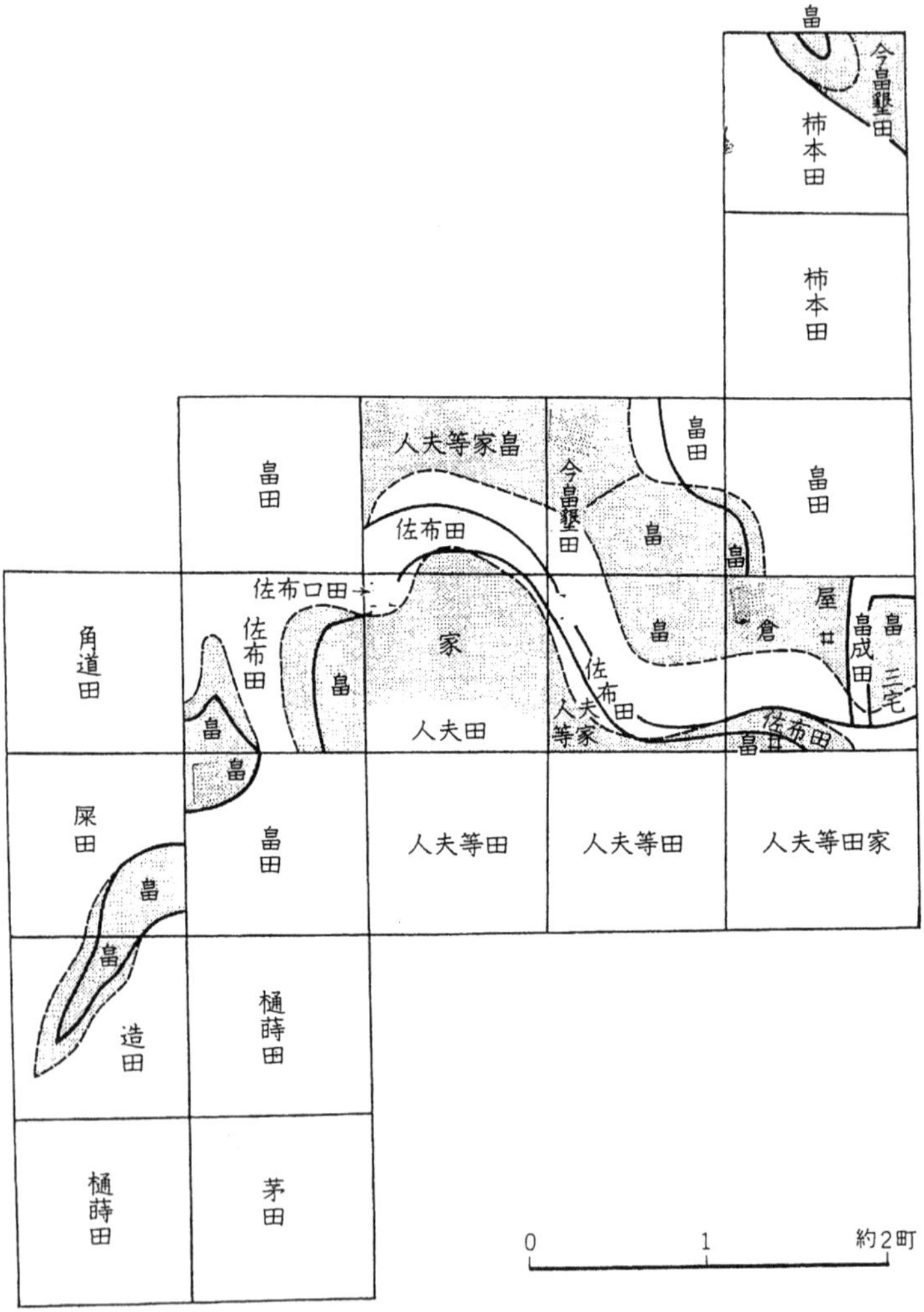

図10　山田郡田図（北地区）の土地利用表現と実面積
（破線は山田郡田図の表現，実線は実面積に近似させたもの）

ところで、山田郡田図に標記された畠という地種は、すでに説明した「田令」およびその解釈には見られない。しかし、畠は、「田令」が規定する園地、宅地を含む地種として現実に使用されていたとみられる。もともとの字義が白田つまり、「乾いた田、はたけ」であることに加えて、山田郡田図の場合は「畠」中に「倉、屋、三宅」が標記されて、それらがほぼ一体化していたとみられること、が指摘できる。また田に租稲の記載（合計三〇〇束三把）はあるが、畠には租が課されていないこと、などもその根拠となる。ほかの東大寺領の荘園図の場合でも同様に理解される。

和銅二年に既に存在していたことから、これもまた、先に述べた『続日本紀』和銅四年条に記す、諸寺が田野を占有する傾向の一例となる。つまり、条里プランが完成する前の早い時期からの寺田であった。その所在地は同山田郡田図に描かれているように、北地区と南地区の二ヵ所とも、いずれも直線状の「山田香河二郡境」の東側に添った、面積一町（五〇〇束代）の方格の中に標記されている。図10はその北地区の表現の概要であり、面積等は省略してあるが、各方格の中には「樋蒔田」などという小字地名的名称と地目、面積、「直米」額が記され、条里呼称は記されていない。直米とは、弘福寺が徴取する地子米である。すでに述べたように租が課されていたのは田のみであったが、田・畠いずれに対しても、弘福寺は基本的に直米を課している。

天平七年の弘福寺領は、図10に示したように、面積一町の方格毎に標記されている。「人夫等田、人夫等田家」などというのは弘福寺領以外であるから、当面検討から除外すると、集計部分にあるように、寺領は「田」と「畠」に大別されている。山田郡田図中の表現としては、田は基本的に一町の方格を単位として、小字地名的名称によって標記されている。しかも「佐布田」を除けば、小字地名的名称は各区画の右側に上から下へと標記されている。図10の右上から右下へと見ていくと、小字地名的名称は次のようである。

柿本田、柿本田、畠田、(佐布田)
畠田、(佐布田)
(佐布田)、(佐布田)、
畠田、(佐布田)、畠田、樋蒔田、茅田、
角道田、屎田、造田、樋蒔田

このうちの(佐布田)とした部分は、曲流する河道のような部分に対応しており、区画ごとに標記されてはいるが、区画に付されたほかの小字地名的名称とは印象の異なった標記である。旧河道部分に拓かれた田を、区画ごとに示しているものとみられる表現であろう。

また「畠」は、旧河道沿いの自然堤防のような部分に設定されているとみられ、方格に対応して面積が標記されているが、小字地名的名称は付記されていない。右の第一列四番目の区画には、佐布田とともに三宅・畠・倉・屋・畠成田といった名称が描き込まれていて、これらが区画単位の小字地名的名称とは意味の異なる名称であることを示している。

このような状況からすれば、一見して各区画の小字地名的名称には、いくつもの区画にわたっているものが多いことが知られる。これだけでは小字地名的名称が、いくつもの区画分の範囲にわたった、もともとの地名を採用したのか、それとは別に、新たに方格の区画ごと設定したものかはわからない。しかし類例は八世紀の荘園図に多く見られ、おそらく前者の場合が多かったものと推定される。いずれにしても、面積一町の方格ごとに小字地名的名称が設定され、それが山田郡田図に標記されている状況と見られる。

なお、山田郡田図の南地区では、合計一一区画が表現されているが、そのうちの八地区が「津田」、一地区が「津田西□」、二地区が損滅等で不明である。北地区について述べた小字地名的名称の傾向は、南地区ではより顕著であることになる。

一方それに対して「畠」は、旧河道沿いの自然堤防のような部分に設定されているとみられ、方格に対応して面積が標記されているが、小字地名的名称は付記されていない。しかしこの山田郡田図には、「畠」の部分に彩色が施され、田の部分は無地である。つまり、畠の部分を強調して表現しているとみられる。

先に検討した大和国額田寺田、山背国弘福寺田では、基本的に「寺田＋面積」で標記された田が古くからの寺田であり、条里プラン導入以前から寺田であった部分、「小字地名的名称＋面積」の形で標記された田が相対的に遅れて寺田となった田である可能性を指摘した。大和国額田寺田と山背国弘福寺田とでは地図上の表現と田籍様の表現という点で異なるが、資料の時期も異なる。寺田としては、讃岐国山田郡の弘福寺田は、山背国弘福寺田とともに和銅二年には成立していた。

この可能性を、仮に讃岐国山田郡弘福寺領についても適用するとすれば、この方格単位の小字地名的名称が付された部分の弘福寺田は、山背国弘福寺田の類似の表現部分との共通性が高いことになる。「畠」とは、基本的に占有権のより強く及んでいた「園地、宅地」であるから、山田郡田図は彩色によって、それを強調していたとみられる。

少なくとも讃岐国山田郡弘福寺田も山背国久世郡弘福寺田も二種類の、やや異なった起源と権益状況の寺領で構成されていたとみられることになる。

(2) 巡察使と校出田

讃岐国山田郡弘福寺田については、天平宝字七年（七六三）「山田郡弘福寺田校出田注文」と称する資料が残っている。この文書は、「川原寺田内校出田一町四段三百五十歩」の所在箇所を具体的に書き上げたものである。「校出田」とは、校田の際に検出された田であり、それが弘福寺田内にあったというのである。例えばそのうちの一ヵ所は「八条十三里十五薮田七十歩」という形で表現されている。完成した条里プランの表現法に拠った表記である。まず確認できるのは、この時点までに讃岐国山田郡の条里プランが編成されていたことである。

この文書ではこのような条里呼称によって、八条九里、十里、十二里、十三里、九条四里、五里、七里の内の計一一ヵ所に「校出田」が所在したことを記している。これらの所在地を、ほかの資料も含めて復原できる山田郡の条里プランによって図示すると、図11の右図のようになる。

一方、検討を進めてきた「弘福寺領讃岐国山田郡田図」に標記された田の所在の概要を図示すると、

図11の左図のようである。右図の校出田が「川原寺田内」とすれば、確かに「山田郡田図」の寺田の表現内に該当する。つまり、「山田郡田図」に表現された方格の位置のままで条里プランが編成されたことになる。このような復原の位置では、弘福寺田の西辺がまさしく山田・香川郡界の東側に接す

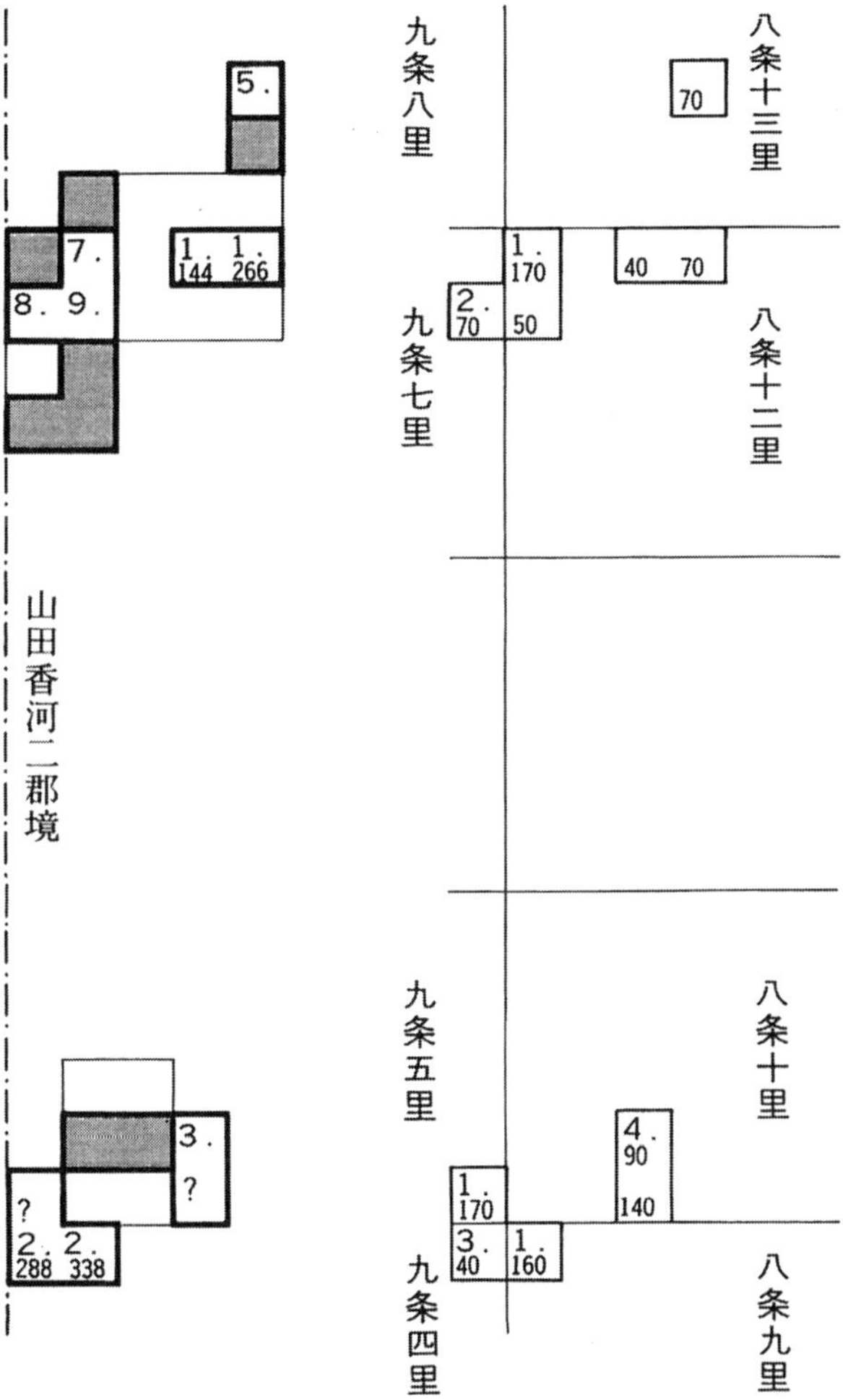

図11　山田郡田図記載寺田と校出田注文記載田の関係
左：校出田所在区画の山田郡田図記載弘福寺田面積（アミは1町，数値は上段が段，下段が歩）
右：校出田注文記載校出田面積（上段が段，下段が歩）

ることになる。これもまた「山田郡田図」の表現と合致する。
従って、編成された条里プランの位置が「山田郡田図」の表現と合致するのみならず、条里プランの編成時期という観点からすれば、それは天平七年（七三五）と天平宝字七年（七六三）の間であったということになる。
ところがさらに詳しく見ると、これらの校出田の所在地には、一つの共通性が見られる。図11のように、「山田郡田図」に標記された弘福寺田が方格の全体にあたる一町には満たない区画の分布と、校出田の所在地が完全に一致することが知られる。この意味を検討することにしたいが、幸いこの校出田に関わる次のような史料が存在する（「　」内は字数不明の損滅部）。

山田郡司牒　川原□「　」合寺田中検出田一町四段三「（百五十）」
牒、去天平宝字五年巡察「　　」
出之田、混合如レ件「　」
佰姓今依二国今月廿日符旨一、停二止班給一、為二寺田一畢、
仍注レ事牒々至准レ状、以牒
天平宝□□「（年）」「　」外少初位下秦□□
（下略）

損滅部が多いが、大意はほぼ次のように推定される。

山田郡司が川原（寺）に対して、検出された一町四段三（百五十歩）の田について、取り扱いを次のように通知した。これは、巡察（使）が去る天平宝字五年に検出したもので、寺田中に入り混じっていたものであるが、今月二二日の国の符によって班給を停止して寺田とする、との意である。

これによってまず、天平宝字五年（七六一）に「巡察（使）」によって、おそらく校田が実施され、それに続いて班田が実施されたことが知られる。しかもその折、弘福寺田の一部を（誤って）収公し、口分田として班給した。理由は検出された田が、寺田中に入り混じっていたからである。そこで、讃岐国の「符」（布達）によって班給を取りやめて寺田に戻した、ということを、郡司が川原寺に「牒」（通知）した、というのである。

この山田郡司牒の日付は、天平宝字年間であること以外不明である。ところが『続日本紀』天平宝字四年正月二一日条に、「典薬頭《てんやくのかみ》外従五《げじゅご》位《い》下《げ》馬史夷麻呂《うまのふひとひなまろ》」が「南海道巡察使」に任ぜられたことを記している。この際の巡察使は「観㆓察民俗㆒、便即校㆑田」と校田に関わったことも知られる。とすれば、山田郡司牒の「天平宝字五年巡察（使）」とは、馬史夷麻呂であった可能性がきわめて高い。天平宝字四年校田、翌天平宝字五年班田、というのはこの時期の一般的校班田の年次であるが、讃岐国山田郡ではこの折、天平宝字五年に校田が進行していたことになる。校田に足掛け二年を要していた理由は後に考えたいが、天平宝字五年に校田が実施されたとすれば、すでに述べたように、班田はその翌年天平宝字六年であろう。

その結果に関わるのが、前述の天平宝字七年一〇月二九日「山田郡弘福寺田校出田注文」であろうと考えられる。対象面積はまさしく、両文書に記された「一町四段三（百五十歩）」である。この天平宝字七年「山田郡弘福寺田校出田注文」をもとに、弘福寺が申し出をして、おそらくその結果、班給が停止されて寺田に戻された過程が推定される。とすれば、それはおそらく天平宝字八年のことであったと思われ、先の山田郡司牒の年紀は損滅しているが、おそらくこの年であろう。

この手続きにおいて問題となる次の点をまず検討したい。

まず、検出された田が、寺田中に入り混じっていたとの理由で、弘福寺田の一部を（誤って）収公し、口分田として班給した、という状況である。「田」を水田、「畠」を灌漑しない畑と、いずれも固定的に考えれば、極めて考えにくい状況である。ただし前述のように、「田」が五穀の栽培地であり、水田・陸田を含む耕地であったとすれば、「畠」との外見上の類似性は高い。校出田が検出された場所は、先に図11で説明したように、弘福寺領が方格の全体にあたる一町には満たない区画内であった。しかもそこには、すべて「畠」が存在した。

そのような弘福寺領を誤認して検出田とし、口分田に充当した、と考えられる可能性が高い。それが誤認であったことが判明したので、讃岐国は班給を停止して寺田に戻すことを布達した、というのが最も事実に近いであろう。

（3）讃岐国の校田と条里プランの編成

もう一つの問題は、天平宝字四年正月に校田を任として命じられた巡検（使）が、翌天平宝字五年に至ってもまだ校田を実施していたという事実である。班田はおそらく、さらに翌年の天平宝字六年であったと考えられることはすでに述べた。天平宝字四年校田、天平宝字五年班田というのは、この時期の多くの国での校班田の年次として知られているが、讃岐国山田郡ではこの折、校田にさらに一年余分に要していたことになる。

しかも、讃岐国では、すでに取り上げてきた天平宝字七年（七六三）「山田郡弘福寺田校出田注文」が完成した条里プランの最初の表記例であることを先に述べた。天平宝字四年から五年にかけての二年にわたる長期の校田作業には、条里プランの編成作業が含まれていたとみたい。

ただし天平七年（七三五）には、すでに面積一町の方格とそれに対応した小字地名的名称による弘福寺田の標記が存在した。方格網と小字地名的名称による土地表示と記録がこの時点で成立していたことになるから、郡単位での条里呼称法の導入と、小字地名的名称のみによる表示から、それと番号の併用による条里呼称への転換が主要な編成作業であったことになる。その過程において誤認によって校出田が生じ、それが班給されてしまったので、その班給を停止して弘福寺田を元に戻すといった手続きが行われたことになる。

さて、完成した山田郡の条里プランは図12のような状況であった。東の三木郡との境界線を起点とし、面積一町の方形区画を六個ずつ一条分として数え進み、東辺の一条から西辺の九条に至る呼称体系であった。

一方の里は、条ごとに南から北へ数詞で数え進むものであったが、里によって位置が異なった。例えば先に述べた弘福寺田の場合、八条九里の西隣が九条四里であり、八条と九条では、四里分のずれがあった。南側の山麓を一里としたものであろう。ただし、各里の境界線自体は同一線上にあり、これは南海道の官道を基準としていた結果であると考えられる。

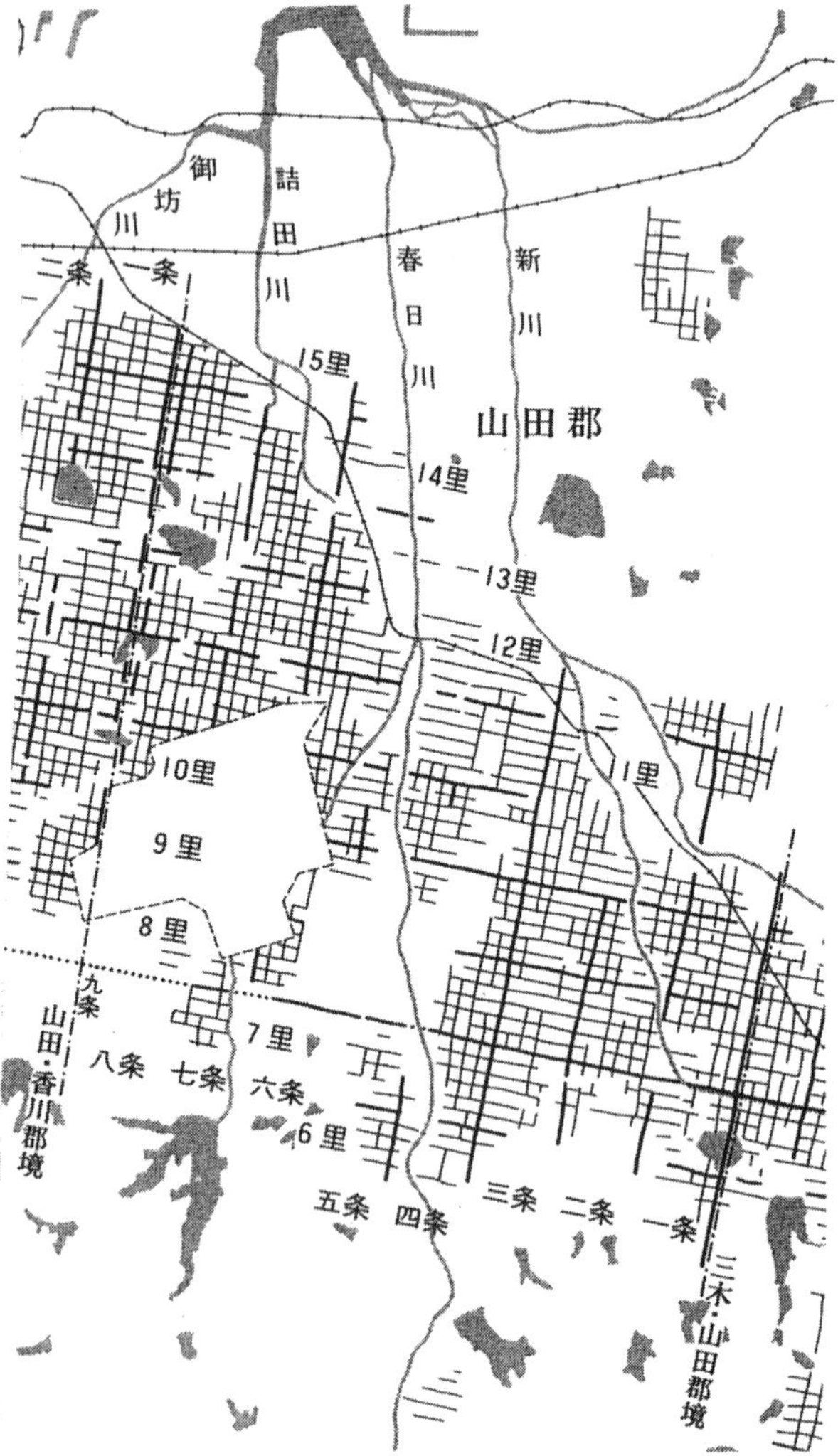

図12　讃岐国山田郡の条里プラン

南海道の官道は高松平野では、三木郡中央部の白山（標高二〇三メートル）の南麓から、香川郡西端に位置する伽藍山（標高二一六メートル）と六ツ目山（標高三一七メートル）の鞍部の峠を目指す直線として、設定されていたとみられる。

また、山田郡付近の南海道は旧高松空港跡地南側付近で幅約一〇メートルが里から除外されていたものとみられる。これが南海道の道路敷であったものであろう。

山田郡東端の条の基準となっている三木・山田郡界は後世にも高松市・三木町の境界線として存在したが、この線は北の芳岡山（標高一〇三メートル）山頂と、南の二子山（標高一八〇メートル）東肩を結ぶ直線と一致する。山田郡の方格の南北線は基本的にこの方向に合致する。また同時に、南海道の官道とも直交する。

ところが山田郡西側の、香川郡との境界線は、木田郡（旧三木郡・山田郡）木太村・林村・三谷村と、香川郡太田村・多肥村及び高松市との境界線として、やはり直線の境界線として存在していた。この線は南海道とほぼ直交するが、三木・山田郡境ほど明確な目標地点は近くに存在しない。

しかも、三木・山田郡境を基準とした条里プランが、一〇―一一度ほど東に傾いた方格線であるのに対し、この山田・香川郡境はほぼ九度東に傾いた南北線である。つまりこの山田・香川郡境線に接した区画は南側へ行くほど東西幅が狭くなって、面積も小さくなっていることになる。この事実は、旧版の二五〇〇分の一や五〇〇〇分の一の大縮尺図でも確認することができる。

さらに興味深いのは、天平七年（七三五）の弘福寺領山田郡田図の表現である。すでに述べたように弘福寺田の西側は「山田香河二郡境」に接していたが、北地区では郡界に接した四区画のうち、二区画が田一町、二区画が田と畠を合わせて一町（五〇〇束代）である。これに対して南地区では、区画の面積を確認できる八区画のうち、四区画が田一町、一区画が田と「壟」合わせて一町（五〇〇束代）、及び一四七束代（他に推定池敷）一区画であるものの、郡境に接した二区画は、津田西口一四〇束（他に右の推定池敷と一連）と津田四一一束（集計からの推定）と考えられる。つまり、郡境沿いの二区画だけが一町に満たないことになる。とすれば、図12のように復原される山田郡の条里プランは八世紀以来のパターンと見てよい。

東の郡境から一条を開始した結果を良く反映しているのは、山田郡最西端の九条であり、方格の東西辺が南側ほど狭くなっているのみならず、九条が一町方格の一列分しかないことである。東側の郡境から一条を数えるので、西端では里の六町幅が確保できなかったとみられる。

しかも讃岐国では、山田郡を始め計一一郡の内の六郡について山田郡と同様の条里プランの編成状況であった。東側が直線郡界である、三木郡・香川郡・那珂郡・多度郡・刈田郡では、すべて類似の原理で条里プランが編成されていたとみられる。

このように、方格網の原型は天平七年に遡るが、条里プランの完成年次は、すでに述べたように天平宝字六年である。山背国久世郡において条里プランによる最初の表記が見られる天平一五年（七四三）よりは二〇年ほども遅い時期である。ただし大和国では逆に、宝亀三年（七七二）校田図・宝亀四年班田図が、後に展開しているような大和国の体系的条里プランの編成に関わると考えられるので、讃岐国はこれよりは一〇年ほど早い時期であることになる。

このような状況からすれば、条里プランの編成が、国によってかなりの遅速があったことを反映しているとみられることになる。章を改めて、東大寺領について具体的状況を見ていきたい。

三　初期の東大寺領荘園と条里プラン

1　東大寺領荘園図

(1)　東大寺と東大寺領荘園

東大寺に墾田一〇〇町が勅施入され、さらに東大寺が四〇〇〇町もの墾田所有枠を確保したのは、天平勝宝元年（七四九）であった。このほかの所有枠は、元興寺二〇〇〇町、大安寺・薬師寺・興福寺・法華寺・諸国国分寺等が各一〇〇〇町であったから、東大寺の枠は破格に大きかった。またこれは、天平一五年（七四三）に「墾田永年私財法」が施行されて、広く墾田の私有が認められてから六年後のことであった。さらに東大寺では、大仏開眼供養が行われたのは天平勝宝四年（七五二）であったから、それに先立つこと三年であった。

東大寺は天平勝宝元年以後、多くの荘園を設定してそれらの経営に乗り出していったが、幸いにして多数の荘園図などを始め、豊かな史料を伝えている。とりわけ著名なのは、正倉院宝物として多くの荘園図が伝存していることであるが、ほかに奈良国立博物館などにも所蔵されている。断簡などの数え方で数は変わるが、東大寺領だけでも二〇点以上の八世紀の地図が伝存している。多くが東大寺建立の時期ないし、これにすぐ続く時期頃に関わり、いずれも八世紀中ごろから後半にかけての時期のものである。

前章においては、山背国久世郡弘福寺田の天平一五年（七四三）の表記例を、条里プランによる記録の最も早い例と見た。これと対照的に、遅い方の例として、大和国において宝亀五年（七七四）ころに体系的な条里プランが完成した、という推定を試みた。讃岐国では、その中間の天平宝字六年（七六二）に条里プランが完成したと考えられる。すでに述べたように、条里プランの編成時期は国によって異なっていたことの好例になる。

荘園図をはじめ、東大寺領荘園に関わる資料の多くは八世紀後半の時期のものである。まずそれらを、個別に見ていくことにしたい。

（2） 近江国の東大寺領荘園

「近江国水沼村墾田地図」と「近江国覇流《へる》村墾田地図」は一連の麻布に描かれ、冒頭には「近江国司解　中墾開水田事」と記載し、末尾には「従二位行大納言兼紫微令□衛□□藤原朝臣仲麻呂」を始め、計八人の国司が署名して朝集使に付したものであった。近江守を兼ねていた藤原仲麻呂が署名したものであることも興味深い。この国司解の裏書には天平勝宝三年（七五一）の年紀が記されている。東大寺領荘園図の中では最も早い時期の地図である。

近江国のこの二つの荘園図には、いずれも東西に長い長方形であるものの、条里プランに合致する方格が描かれており、各方格には「○条○里○＋小字地名的名称＋面積」といった形での田の標記がある。犬上郡水沼村の場合、例えば「十一条二里」といった里名と、太線で囲んだ荘域内の区画には「一柴原田六十歩」といった標記があり、さきに讃岐国の例で示したものと同様の表現様式である。

犬上郡と愛知郡の両郡にわたって存在した覇流村も、水沼村と同様の長方形の方格を描いており、田の標記もまた、例えば犬上郡「十五条十五里」「廿泉田一町」と、水沼村とまったく同様の表現様式である。両図とも損滅部があり、特に覇流村にはそれが多いが、いずれも荘域内のすべての区画の標記が同じ様式であり、「○条○里○＋小字地名的名称＋面積」というパターンであったとみられ、荘域内には弘福寺田や額田寺田に見られたような、小字地名的名称が付されていない「田」や「畠」は存在しない。つまり両荘とも荘域内は、同一の性格の「田」で構成されていたとみられる。「寺田＋面積」の部分を含んでいた額田寺田や、「畠」を含んでいた弘福寺田とは異なった構造であったとみられる。

なお荘域外では、水沼村図の寺田の周囲に「柴原、家、家畠」などの文字が標記され、覇流村図には東に多くの「口分田」が、西に多くの「県犬養宿禰《あがたいぬかいのすくね》八重墾田」、南に少なくとも五ケ所の「大村寺田」が標記されている。

額田寺領や弘福寺領の例から先に導いた推定からすれば、この東大寺領両荘は、いずれも同じように（おそらく一時に）設定された田からなる荘園であった、とみられる可能性が高い。

弘福寺領の場合と異なるのは、近江国東大寺領の両図ともに、用水関連の表現が目立つことである。

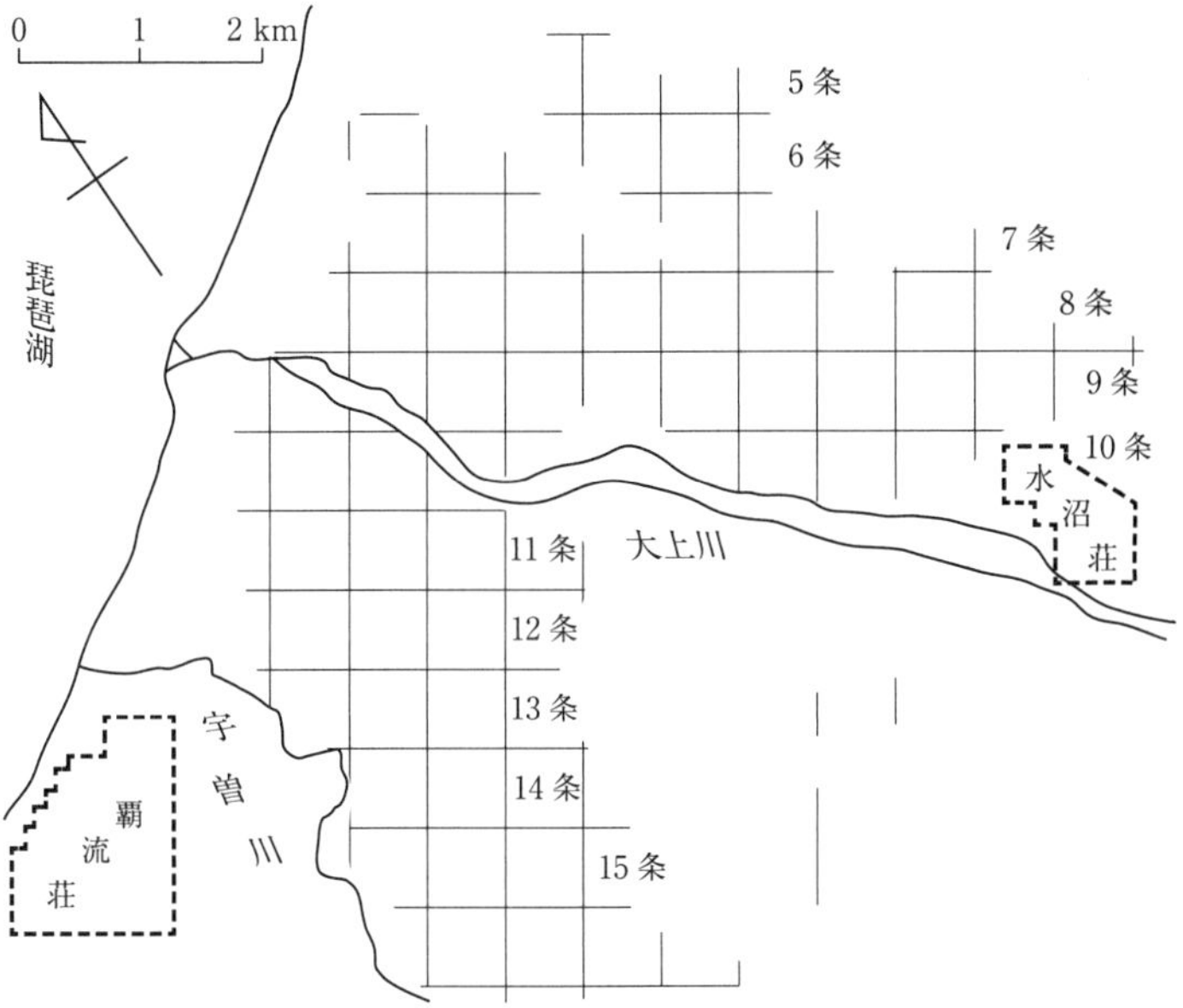

図 13　近江国犬上郡条里プランと水沼・覇流荘

この点では先に紹介したように、二つの溜池を描いていた額田寺伽藍並条里図と共通する。水沼村墾田地図には、荘域の東側に「水沼池」の堤防と取水施設を描いており、東南東から西に向かっては溝（用水路）と見られる表現がある。水沼村は犬上川扇状地の段丘化した北側扇側部に位置したので、おそらくは用水路であったとみられる。

一方、覇流村墾田地図では荘域の南側に、「覇流溝」及び「覇流」と標記された溝が描かれており、「覇流溝」の方は中央部西寄り付近から、北東の方へと曲がって流れているように描かれている。ただし墾田地図の西北側に「濱」の文字が並べられており、覇流村は琵琶湖岸の砂碓と荒神山に囲まれた低湿地（現在半分は曽根沼、半分は干拓地）に所在していたので、用水路の機能よりも、むしろ排水路の機能を想定すべきかもしれない。

いずれにしても両荘は図13の位置に比定され、後に使用され続けた犬上郡・愛知郡の条里プランと合致する。遅くとも天平勝宝三年（七五一）の時点には、犬上郡・愛知郡の条里プランは完成していたことが知られる。

条里プランの完成時期が校班田ないし校班田図の整備と関わるとみられることはすでに述べた。これらの荘園図は校班田図を基図として作製されたとみられる。そこで、これら墾田地図の年紀に記された天平勝宝三年以前における、班田図が基図であったとすれば、おそらくはそれは天平二〇年（七四八）班田に関わる班田図であろうことになる。条里プランの編成作業が、讃岐国では校田の際に行われていた可能性を推定したが、その場合であっても、確定は班田図によるものであった可能性が高い。基本的に班田の年、すなわち班田図作製の年に条里プランが完成したものとして表現しておきたい。

（3） 摂津国の東大寺領荘園

東大寺領荘園図で、次に作製年次が早いのは「摂津職嶋上郡水無瀬《みなせ》荘図」であり、天平勝宝八歳（七五六）一二月一六日の年紀が記されている。同図には方格が描かれているものの条里呼称が表記されておらず、寺領部分は、単に「畠」と標記されて面積が記されていない中央部と、西側・南側山麓部の「谷田四段九十六歩」といった小字地名的名称と面積が各区画に記入されている部分とからなる。ほかに「桑原田・新治田」といった小字地名的名称の部分もある。つまり先に紹介した天平七年（七三五）弘福寺領讃岐国山田郡田図と同じパターンである。この場合も山田郡田図が示す讃岐国の場合と同様に、まだ条里プランは完成していなかったことになる。

なお、摂津国水無瀬荘の位置は淀川の支流、水無瀬川の谷口付近である（図14参照）。水無瀬荘図には、「畠」の中に荘所の施設を表現しており、畠は山田郡田図の表現について説明したように、園地・宅地を意味するので、水無瀬荘は単なる墾田のみで構成された荘園ではなく、「倉」と四か所の「屋」の機能が重要であったものであろう。この点でも山田郡田図と類似する荘園の構成である。摂津国水無瀬荘は、讃岐国山田郡弘福寺領と同じく、「畠」と、「田」の、二種類の土地で構成されていたことになる。

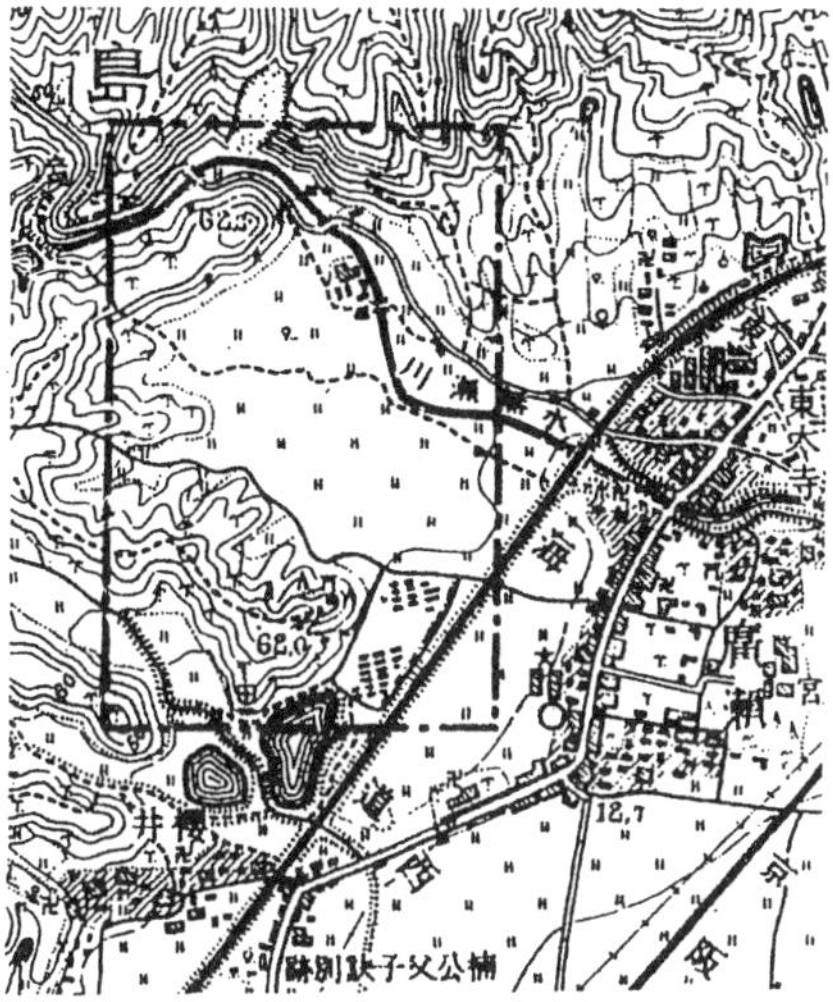

図14　水無瀬荘図に描かれた範囲
（2万5千分の1「淀」, 昭和30年発行）

ところが、これより一〇年ほど後の神護景雲元年（七六七）の太政官符では、摂津国でも完成した条里呼称によって土地の所在を表現しているので、この間の班年に条里プランが完成したとみられる。とすれば、それは天平宝字五年班田である。先に述べたように班年を基準として、天平宝字五年の完成と記述することになる。この年次は、先に述べた讃岐国の班田と同じころであるが、讃岐国が校田に、先に述べたように一年余分に要したとみられ、天平宝字五年には校田が続いていたので、実際には天平宝字六年が讃岐国の班年であったと考えられるから、摂津国の条里プラン完成は、正確には讃岐国の条里プラン完成の前年に相当することになる。

(4) 東大寺領高串村の構成とその経緯

天平神護二年(七六六)「越前国坂井郡高串村東大寺大修多羅供分田地図」(図15)は西側に「岡」列を絵画的に描き、東側には同様に「串方江」を描いている。岡は現在の福井市白方付近の三里浜砂丘にあたり、串方江は白方の東方の水田地帯に相当する。

両者の間に方格を描き、いくつかの区画に条里呼称と小字地名的名称によって、計六町の寺田と「葦原」を標記している。このうちの寺田は既墾の「見開田」であり、田と葦原の所在地は、白方集落東側の水田地帯に相当する。付近一帯には、かつて低湿地や湖沼が多かったことが知られているが、「串方江」はその状況を表現している。なお見開田は、この地図では「改正田(図籍の訂正、内訳は乗田六段二百十六歩、百姓口分二町一段)」と「買得田」からなっていたが、次のようにその由来は多少複雑であった。

同年の越前国司解《げ》は、郡ごとに没官田(没収田)・改正田・相替(交換)などの内訳を列記して、越

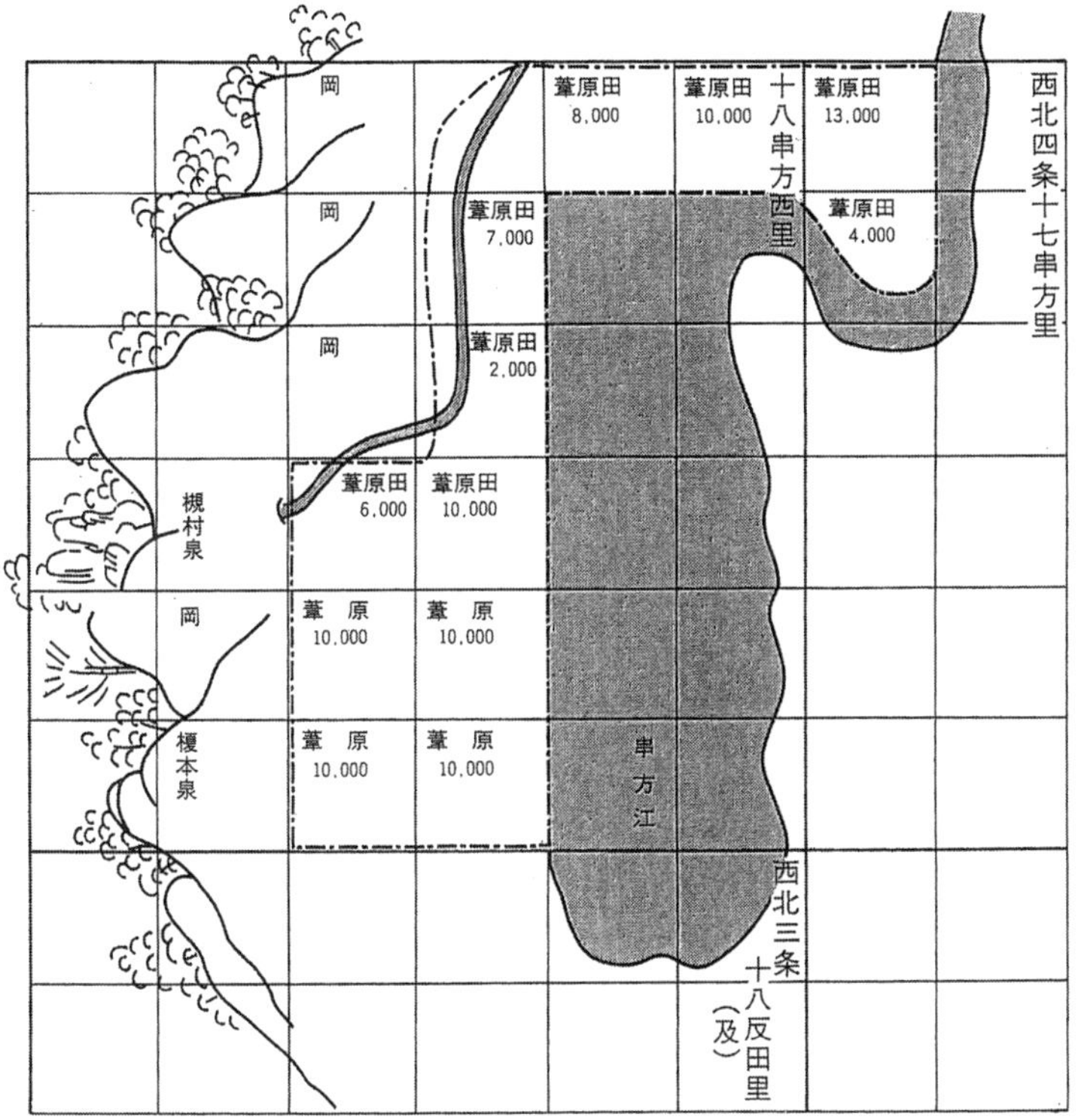

図 15　高串村供分田地図の概要

前守藤原朝臣（継縄《つぐただ》、兼参議、在京）以下国司七名および、承天など東大寺僧三名・造寺司判官・竿師《さんし》などの「検田使」五名の連名による報告で、極めて長大なものであった。

　なおこの国司解と高串村図は、ずれも同じ年の十月二十一日という同じ日付であり、七名の国司、五名の検田使もまた同じである。高串村図もまたこの国司解と一体として作製されたとみられる。

　同国司解の坂井郡「串方村」の条によれば、これら高串村の寺田は本来、高椅連縄麻呂の墾田であった。天平勝宝九歳（七五七）にそれが間人《はしひと》宿禰鷹養に売られ、さらに天平宝字八年（七六四）にそれを東大寺が買得したものであった。にもかかわらず、「図田籍帳」に、縄麻呂の名前のままとなっていたので、これを改正して寺田とした、というのである。改正とは図籍の訂正であることはすでに述べたが、高串村図に記された改正田と買得田は、この越前国司解が記すような修正手続きを経た結果であったことになる。

ところが、この件の事情に続いて同国司解にはさらに、

然図田籍帳、誤付二縄麻呂之名一、加以、券文注レ坊、与二天平宝字五年田図一勘検所、違レ坊、今実録改正寺田已訖

との説明を加えている。誤って縄麻呂の名を記しているのみならず、天平宝字五年の「田図」を調べたところ、「坊」が違っていたというのである。

一方この越前国司解は、次のような当時の状況の記述を加えているので、この天平宝字五年前後の事情が知られる。

以二天平宝字四年一、校田駅使正五位上石上朝臣奥継等、寺家所レ開不レ注二寺田一、只注二今新之田一、即入二公田之目録数一、申レ官已訖、仍以二天平宝字五年班田之日一、授二百姓口分一、幷所レ注公田、今改レ帳、並為二寺家田一已訖、但百姓口分代者、以二乗田一替授レ之、

主旨は、天平宝字四年には「校田駅使」が、東大寺の寺田をそうとは記さず、単に「今新之田」としたので、「公田」の目録に入れられ、天平宝字五年の班田の際に口分田とされた。そこで帳を改め

（改正）て「寺家田」とし、口分田の代わりには「乗田」を充当した、という経過の説明である。

これによって、天平宝字四年には「校田駅使」が活動していたこと、翌天平宝字五年が「班年」であったことも知られる。したがって坂井郡に存在した「天平宝字五年田図」とは、同年の班田図であったことも知られる。また先に紹介した越前国司解によって、縄麻呂の名が記されたままの「図田籍帳」が所在したことも知られる。

この図田籍帳とは田図と田籍であり、田図は前述のような班田図であるが、校田の際にも校田図が使用されたことが知られている。ただし、地図としては、校田図と班田図は一方を基図として再使用され、加筆訂正が行われたものと考えられている。いずれにしても校班田図は、原則として校班年毎、すなわち六年ごとに作製されたと見られるが、すでに述べた「天平宝字五年田図」が改正の前提として照合した証図であった。一方、この年が班年であったから、「天平宝字五年田図」とは班田図であった。したがって先に紹介した、越前国司解が記す「図田籍帳」とは、天平宝字五年以来の田図・田籍であった可能性が高い。

この高串村についてては幸いなことに、天平宝字八年（七六四）に東大寺が鷹養から三三貫の代価で墾田を買得した際における、その買得を認可した越前国公験《くげん》が残っている。この天平宝字八年の越前国公験が、例えば「西北三条十八及田里七足原田」といったように、東大寺買得地を条里呼称によって表記しているのである。それを模式的に図示すると、図16左図のようになる。同図の方格の南北方向は、白方付近の三里浜砂丘の方位にほぼ合わせたものとみられる。つまり、実際には東北東―西南

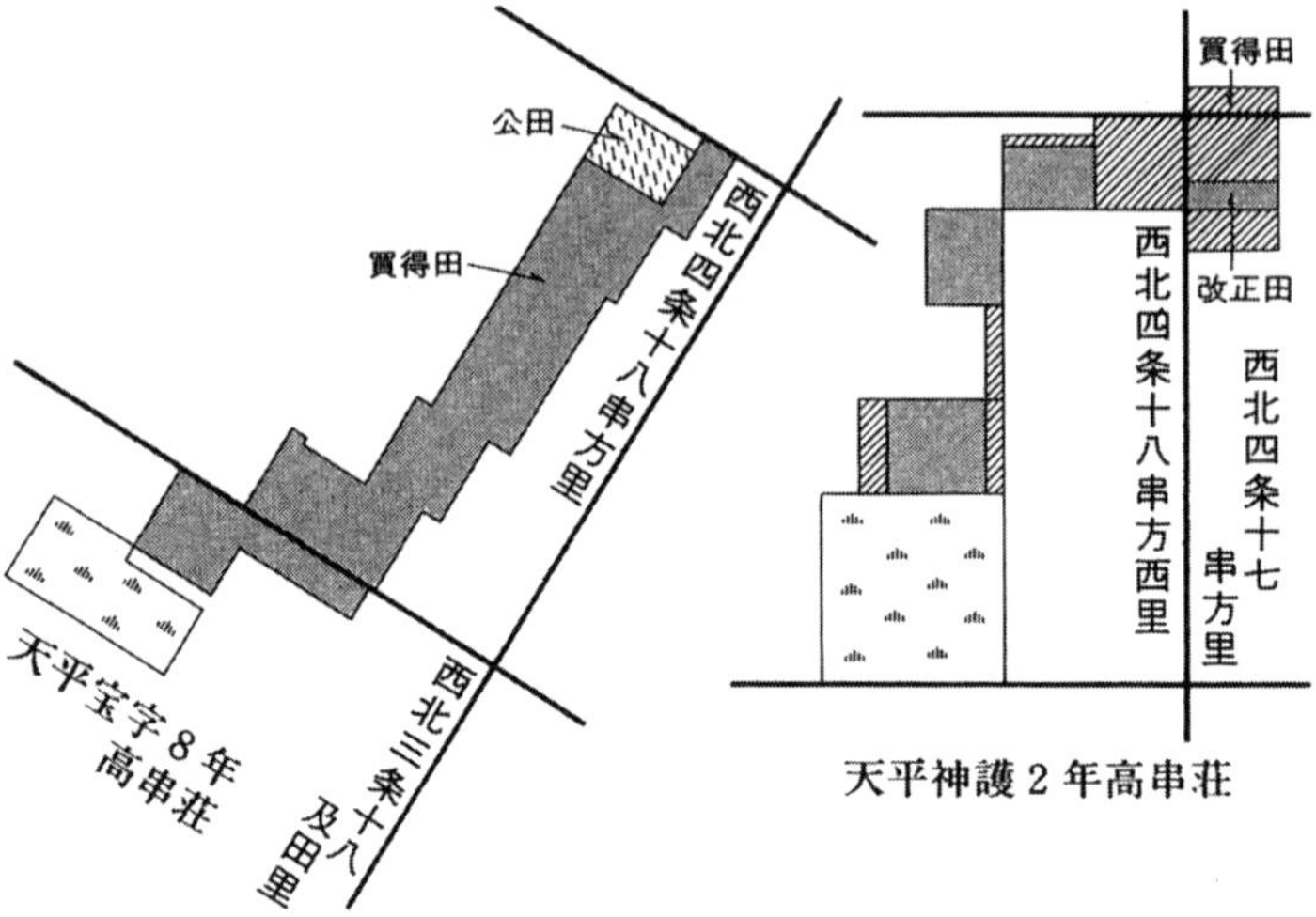

図16　高串村東大寺田の表示の変遷

西方向の砂丘列を南北と認識したとみられるのである。そうでなければ、南北七〇〇メートル程にわたって田が分布する状況を、現実には想定しがたいからである。

一方天平神護二年の高串村図の概要を、同様に示すと図16右図のようになる。

同図には西側に「岡」列が描かれ、東側に「串方江」が描かれていることはすでに述べたが、さらに「岡」列には幾種類もの木々が描かれ、その東麓に「槻村泉、槻本泉」などが描かれていて、さらにその一か所付近から流下する溝様の表現もある。全体として、白方付近の当時の景観を彷彿とさせる表現である。ただし同図は、三里浜砂丘の方向をほぼ南北方向に近い形で表現していることになる。

このような天平神護二年図の表現と、天平宝字八年公験の記載との異同は何に由来するのであろうか。まず条里呼称の「坊」が異なっていることは越前国司解に記すとおりであるが、さらに里名までが異なっていることに注目される。天平宝字八年公験の東大寺領は、坂井郡「西北四条十八串方里」と、その南の「西北三条十八及田里」に記録され、天平神護二年図では「西北四条十八串方西里」と、その東の「西北四条十七串方里」に東大寺領が標記されている。天平宝字八年公験が示す東大寺買得田の北側には「公田」が、南側には未開地があった。天平神護二年図では面積はことなるが南側は同様の土地であり、北側には再度の買得をした田が多く、中央部分には改正田が多いと言えよう。

筆者はすでに、両者が類似した田地を表現したのであろうことを前提として、天平宝字八年公験が三里浜砂丘をほぼ南北と認識して条里プランを想定した結果と考え、天平神護二年図はほぼ正確な東西方向の条里プランに適合させる形で田地等を標記したものと推定した。この推定をまず、もう少し丁寧に説明することにしたい。この推定の際、天平神護二年図の基図の推定など、一部についての推定や表現も、本書の表現のように訂正することにしたい。

(5) 越前国の班田・校田・公験

越前国における班田は、天平宝字五年班田図の存在から知られるように、確認されるのが天平宝字五年（七六二）であったことは確かである。その前後の班年が六年間隔であったとすれば、次のようになる。これらの年次は、虎尾俊哉による表1のような班年と合致する。なお、墾田永年私財法は天平一五年（七四三）に施行されているので、これらの年次はすべて同法施行以後である。

天平二一年（七四九、天平感宝元年、天平勝宝元年）

天平勝宝七歳（七五五）

天平宝字五年（七六一）

神護景雲元年（七六七）

越前国司解が作成され、高串村図が作製された天平神護二年（七六六）は、神護景雲元年の班年の前年であった。つまり、越前国司と高串村図の年紀の年は校年にあたり、校田結果に基づくものであった可能性が高いこととなる。とすれば、高串村図に基図があったとすると、前述のように天平宝字五年班田図でないとすれば、天平神護二年の校田図（存在未確認）であるか、特定の箇所についてだけ作製された国司図に分類される性格のものであったことになる。

ここで取り上げている天平宝字八年（七六四）公験は、これら高串村の寺田が、同年に間人宿禰鷹養から買得したものであることを明記している。この田地が、本来高椅連縄麻呂の墾田であったことは、越前国司解が記しているところである。前述のようにそれが、天平勝宝九歳（七五七）に鷹養に売られたものであった。しかし、天平宝字五年図に縄麻呂の名義のままとなっていたということは、天平勝宝九歳の売買が天平宝字五年図に反映していなかったということであろう。本来であればこの売買についても、天平宝字五年図に反映していたはずである。これは手続き上のミスに他ならないが、その原因となった要因を想定することは可能であろう。

その背景として想定される一般的な可能性は、一つには何等かの理由で縄麻呂から鷹養への売買の公験が作成されなかったか、あるいはいま一つは、公験が作成されていたとしても、実際の墾田との照合ができなかった、といった状況であろう。ただし、天平神護二年の越前国司解に、縄麻呂から鷹養への売買が公式に明記されているので、その根拠となる文書があったと思われ、前者の可能性は低い。

後者の想定に関わって、天平勝宝七歳（七五五）三月九日付の同じ様式の公験が存在することに注目したい。この公験は、同じ坂井郡内の土地であるにも関わらず、面積と四至だけで表記し、まったく条里呼称法を使用していないのである。条里プランによって表記した天平宝字八年公験とは大きな違いである。この状況からすれば、越前国における条里プランの完成は天平勝宝七歳三月九日以後と考えられることになる。同年は班年であり、班田図が作製された可能性は大きいが、校班田の規定からすれば、三月は班田作業が始まって間がなく、まだ班田手続きの途上であろう。天平勝宝七歳班田の完了は、翌年の春であろうことになる。縄麻呂から鷹養への売買があった天平勝宝九歳における状況は必ずしも定かではないが、少なくとも年次はその後のことである。実際の墾田の所在との照合の困難さの結果として生じた手続き上のミスという、後者の可能性は残るとみられる。

さて、天平宝字八年の公験に記された条里プランに従って鷹養からの買得田を図示し、高串村図に標記された条里プラン内の寺田と比べると、次のように考えられる可能性が高い。同公験では、かなり東に傾いた方位を南北と認識していながら、それを一連の正南北の方格として表現していたと考えられる。現実の田の所在はどうしても現地の地形条件に左右されるので、墾田が存在し得た可能性を考慮すると、図16左のように、砂丘の方向に沿って東に傾いた方格を想定していたとしか考えられないからである。

一方の天平神護二年図でも、実際には北北東から南南西にのびる三里浜砂丘を描いているが、その方向を、ほぼ南北方向に絵画的に表現している。しかし標記された田の分布をみると、ほぼ正南北の方格網を想定していたと思われる。その理由は、図16の左・右図のような位置関係を想定すれば、田の分布の重複部分が最も多くなるとみられるからである。さらに天平宝字八年の「串方里七足原田」には、六段余の「公田」と一段余の鷹養以外の墾田が介在していたが、この想定は、公田付近を中心に東大寺が再買得を余儀なくされたという可能性に結びつき、天平神護二年図がその状況を反映しているとみられる。この点も縄麻呂由来の墾田買得による東大寺領高串村の再構築の経過として理解が容易である。

しかも天平宝字八年公験の表現によれば、天平神護二年の越前国司解に説明しているように、田の所在する「坊」が天平神護二年図と異なっているのみならず、里の名称まで異なっていたのである。方位の認識が異なり、想定した方格プランが両者で異なっていたことの必然的結果であったとみられる。

さて、問題は天平宝字五年班田図に縄麻呂墾田が標記されたままであったことである。天平勝宝七歳班田の班田図が作製され、それに縄麻呂墾田が標記されていたとすれば、天平宝字五年班田図はその標記を踏襲したことになろう。同時に、縄麻呂の墾田造成が天平勝宝七歳以前であり、そうであれば先に述べた同年公験と同じく、縄麻呂墾田の公験は面積と四至による表記で、条里プランによる表記はなかったとみられる。とすれば、天平勝宝九歳における縄麻呂から鷹養への譲渡の公験は、面積と四至のみで表記された縄麻呂墾田の公験を根拠として作成されたものであり、条里プランによる表記があった可能性はあるが、それは条里プランの方格の認識の齟齬に伴う不正確さを余儀なくされたものとみられる。この認識の齟齬は、天平宝字八年公験と天平神護二年図の齟齬にも影響のあるものであった可能性すら存在する。

天平勝宝七歳に班田図が作製されていなかったとすれば、類似の過程が天平宝字五年班田図をめぐって発生したとみられることになろう。

いずれにしろ、班田図における条里プランの表現の不正確さ、あるいは一連の方格状の条里プランにおける土地の標記と、現実の場所における方格の認識に基づいた「田」の認定とに、齟齬があった可能性が大きいと思われる。このことが後年における天平神護二年図の作製に結びついた可能性も想定することが可能である。高串村図が、天平神護二年の校田ないし、国司解の作成に由来する国司図の一種であろうという先の推定からすれば、天平神護二年にそのような地図を作製する必要があったということになろう。

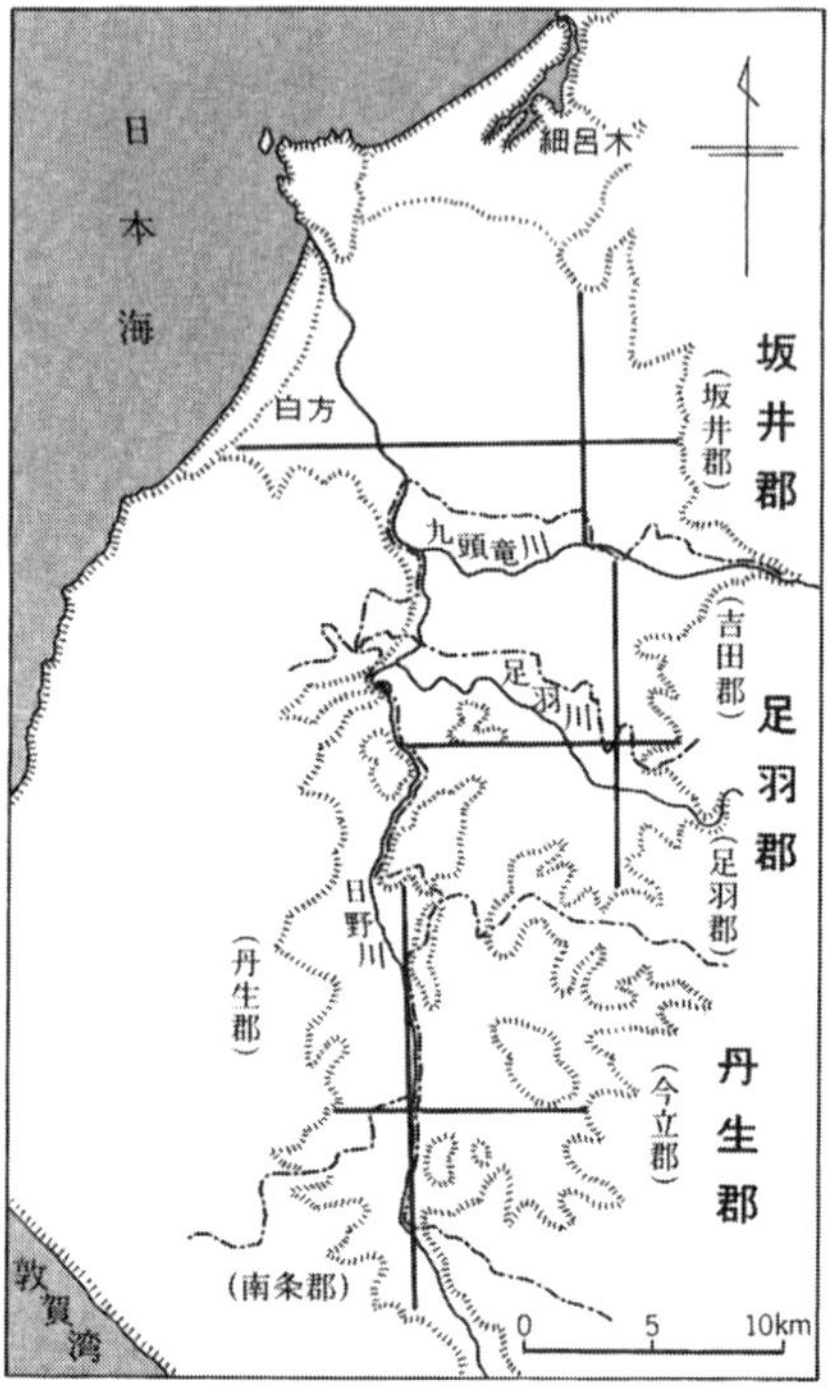

図17　越前国坂井・足羽・丹生郡の条里プラン規準線

（6）越前国の条里プラン

越前国の条里プランそのものに立ち返ってみたい。越前国坂井郡高串村東大寺大修多羅供分田地図の右上には「西北四条十七串方里」と記されている。例えば後に述べる越前国足羽郡糞置村開田地図の場合は「西南七条五琴絃里」と記されている。つまり郡域を四象限に分割して、分割線の交点から外側へと条・里を数え進む様式であり、各象限に応じて、里内の方格に付された坊（坪）並みも異なっていた。この区分線は、福井平野では図17のように設定されていたとみられる。

さらに、弘仁四年（八二三）に越前国から分国された加賀国内の旧越前国江沼郡幡生荘の天平神護二年（七六六）の記述に「東北十五条」という記載があり、また金沢市上荒屋遺跡出土の木簡に、西南条里の坪（坊）並みを記したものが検出されている。旧越前国加賀郡・旧江沼郡においてもまた、図18のように各郡を四象限に分割した条里プランであったことが知られる。

このように越前国では、条里プランが郡毎に郡域を四象限に分割した形となっていたが、高串村図は坂井郡の条里プランの西北の部分に位置したことを示している。坪（坊）並みの標記も、まさしく西北条里のパターンである。

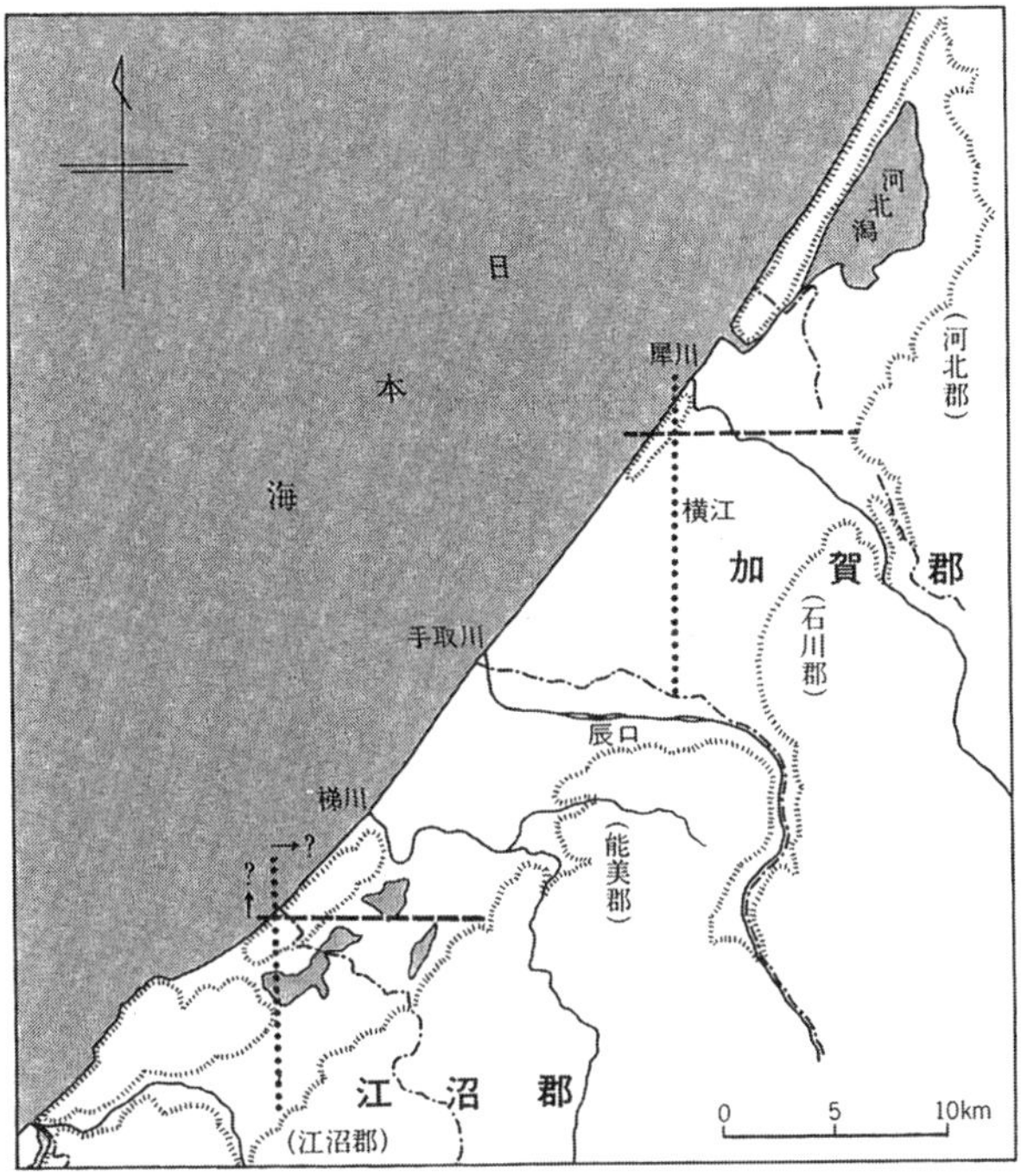

図18　越前国加賀・江沼郡の条里プラン推定規準線

高串村は坂井郡の四象限分割の中心部から遠く、しかも九頭竜川を隔てた西岸にあった。高串村付近が砂丘近くの池沼を挟んだ低湿な地域であることも、当時の田図作製者たちの認識に影響したことは否めないであろう。すでに述べたように、現地における小規模な耕地群の認識が、郡主要部とは少し方位が異なった状況であった可能性は高い。しかもそれを体系的な条里プランに位置付けるに際して、整然とした体系が重視されれば、必然的に現地とのずれ、ないし照合の不正確さが生じることとなろう。従って、初期の条里プランによる図籍の土地の表記と、現地での認識とが直接合致しにくい状況であり、それが影響して天平宝字五年班田図における寺田標記もまた不正確であった可能性が高い。

手続き上のミスが起こった理由は、先に述べたように想定の域を十分には出ない。ただし、条里プラン編成の時期における土地表記の様式変更が関わっていた可能性は、班田図の作製と公験の書式をめぐって推定したところである。

少なくとも高串村図には、条里プランによる土地の表記がそのまま絵画的表現に反映しているとみられる部分が多いことを再確認しておきたい。例えば、高串江の西側汀線が五区画分（五〇〇メートル以上）にわたる不自然な直線となり、西北隅もまた直角の形状という不自然な状況に描かれている。このように高串村図作製の際には、改正や再買得などの、田籍ないし公験における、坊単位の表記内容及び表記様式が強く意識された表現となっているものとみられる。

この天平神護二年高串村図には「竿師造寺司史生正八位上凡直判麻呂」が「検田使」として名を連ねていることにも注目しておきたい。

(7) 東大寺領道守村

越前国足羽郡道守《ちもり》村開田地図もまた、損滅部が多いものの残存部の記載や様式から見て、天平神護二年（七六六）の越前国司解と一体の荘園図であったとみられる。竿師造寺司史生正八位上凡直判麻

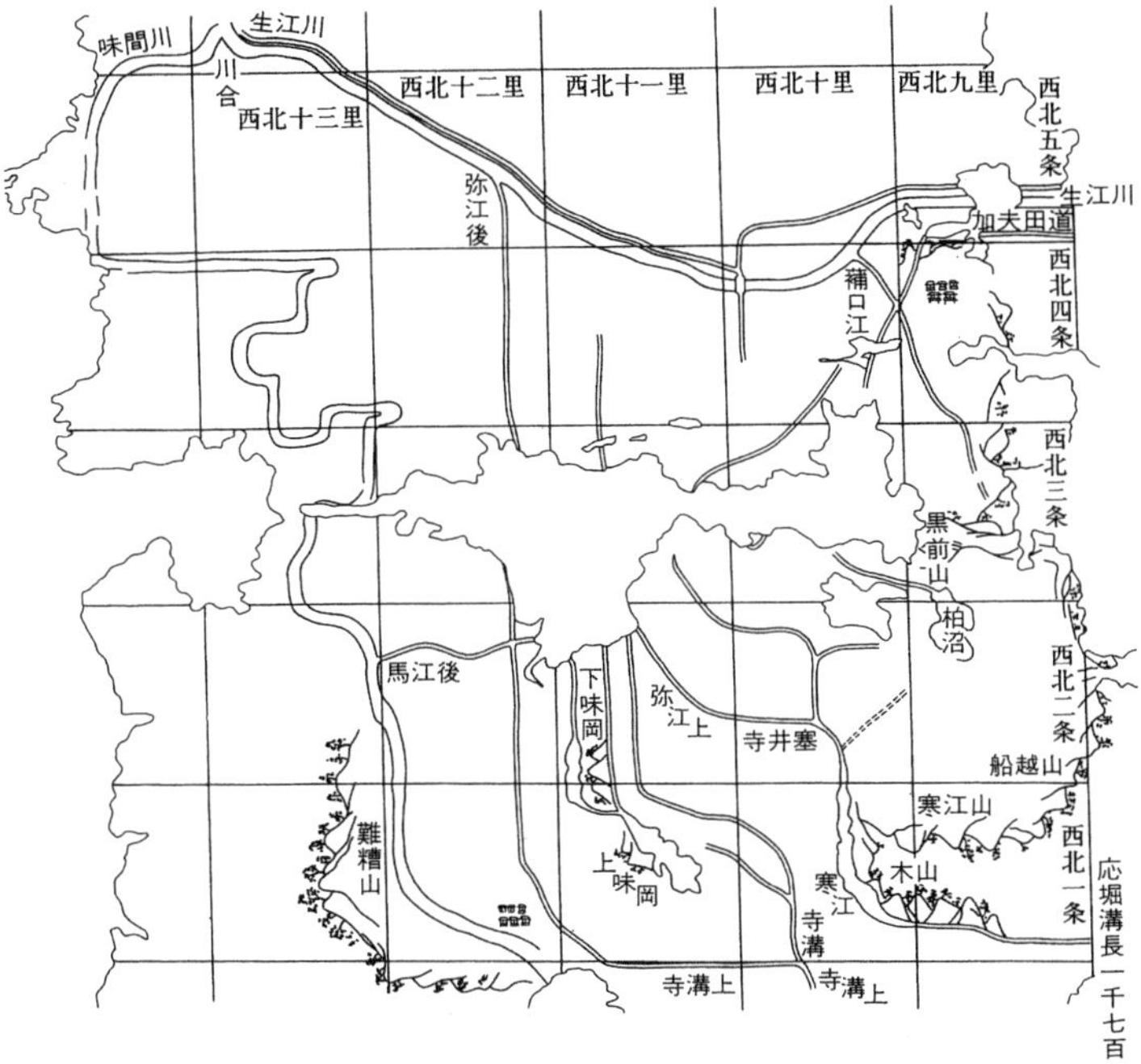

図 19　道守村開田地図における絵図的表現の概要

呂が実際に署名していることも知られる。

同図は一・五×二メートルに近い大きな地図であるが、その概要は図19の如くである。東側を「木山・寒江山・船越山・黒前山」の山々（現在の足羽山・兎越山）、西を「味間川（現在の日野川）」、北側を「生江川（現在の足羽川）」に限られた範囲であり、東南から二本の溝（一本は寒江に流入（「長一千七百」余丈）、もう一本は「寺溝」）が入り、分流しつつ北西方向に向かっている。黒前山の南に「柏沼」があり、中央西側には「上味岡・下味岡」がある。これらの山や岡・川などの地形の表現は、現地の地形の印象をきわめて良く描いている。この点は基本的に高串村図と同様である。

さらに、同図には方格網が描かれ、各区画には条里呼称法と小字地名的名称によって「寺田」、「田辺来女墾田」などの面積が詳細に標記されている。つまり条里プランは完成した様式として表現されている。しかも表現様式からすれば、荘域全体にわたって整然とした同一パターンである。

しかし詳細に見れば不思議な齟齬があり、例えば、「十宮処西（新）里」「廿五野田上　九段二百卅歩　寺」と標記された区画のほぼ全域に「下味岡」が描かれ、文字は岡の表現の上に記入されている。岡の絵画的表現と田の標記は別個になされたものとみられる。

にもかかわらず、表現は詳細である。河道の位置や形状は洪水などによって変わりやすいとみられるので詳細な位置の対比には不適当であるが、豊富に表現された山や岡を基準として比定することができる。山や岡の表現をもとに同図を現地に比定すると、図20のようになる。比定の結果はまず、道守村開田地図に表現された南北方向の条里プランの方格網が、足羽郡全体として復原される条里プランとは、若干異なった様相であることが判明する。道守村開田地図にみられる南北方向の条里プランの方格網が、実際には少し西に傾いた状況のものを南北方向であると認識した表現であるとみられることに注目したい。

道守村開田地図では、図19のようにずれのない整然とした一連の方格網として表現しているが、山の位置の表現からすれば実際には、東端の一里半分ほど（西北九里と十里の東半分）が、西側より一里分ほど北にずれている状況を描いている、と考えられるのである。このような条里プランの表現状況

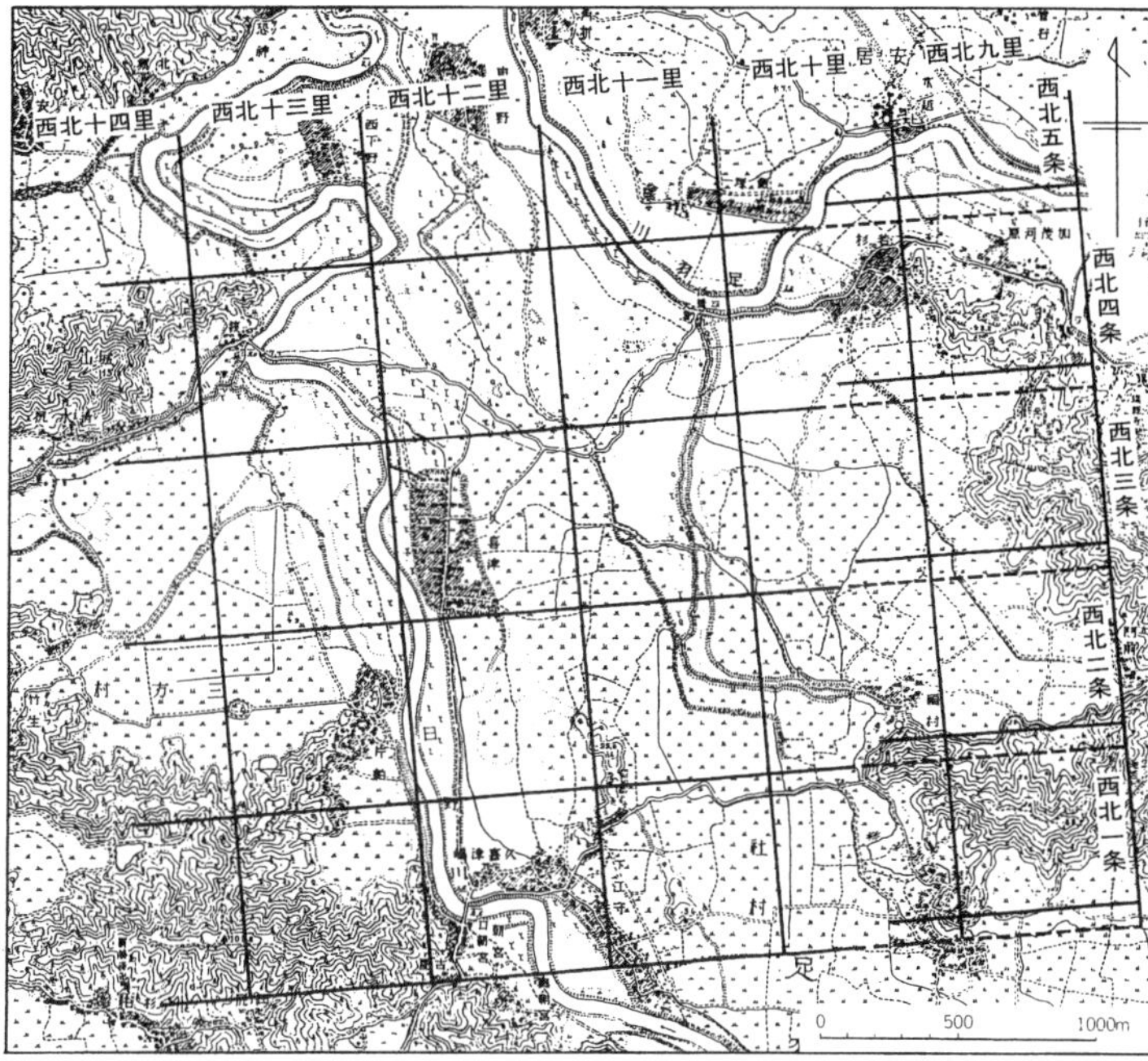

図 20　明治 42 年地形図と道守村開田地図現地比定の説明

の違い、あるいは齟齬の背景として考えられる理由はどのようなものであったか、という点が一つの問題である。

　先に高串村図をめぐる検討の中で、おそらく開拓過程とその時期、並びに地形的に隔絶した条件が関わって、天平宝字五年の班田図の高串村付近の表現に不備があり、天平神護二年の校田の折に、不備を訂正して高串村図を作製したことが知られた。基本的に足羽郡においても同様であったと考えてよいとすれば、道守村一帯でも同様にして道守村開田地図を作製した可能性が高い。

　道守村開田地図はこのように、一連の条里プランとして表現していた方格網の中に、やや西に傾いた条里プランの方格群と、東側付近にそれと若干齟齬のある方格群の両者を、含んでいたことになる。その背景の状況は次のように推定することができる。

まず、東大寺領道守村成立の経緯を振り返りたい。膨大な墾田所有枠を確保した東大寺は、その年、天平勝宝元年（七四九）のうちに僧平栄を越前国に派遣した。それに応じて東大寺墾田を設定したのは越前守と、それ以下の国司達であった。具体的に東大寺領道守村の中核となったのは、地元足羽郡の有力者であった生江臣東人《いくえのおみあずまひと》の寄進地「百町」であった。東人が墾田開拓を進めた時期は正確にはわからないが、寄進当時において東人は、「造東大寺司史生」であり、また同寺「野占使」も務めていた。その寄進の功その他によって位階・職階をすすめ、足羽郡大領となったと思われる。道守村開田地図はそれから一五年ほどを経た時期に作製された地図である。同図の標記は、東人の墾田に由来する部分の詳細な位置の特定には不適当であるが、道守村西部の寺田の大半がこれに由来する田地であったと考えられている。

一方、道守村東部の柏沼周辺および北側中央部を中心に、開田地図には多くの田辺来女の墾田が記入されている。田辺来女の墾田が東大寺の開田地図に逐一標記されているのは、東大寺領の表現を目的とした開田地図としては理解に苦しむ状況である。しかし、田辺来女が上毛野公奥麻呂《かみつけのきみ》の戸口であり、その墾田が天平宝字八年（七六四）の藤原仲麻呂の乱に連座して没官地となり、やがて東大寺領に組み込まれたことを考慮すれば、理解が容易となる。開田地図作製の翌年の事であるが、東大寺は「件来女田、寺地有」傍、相接尤甚、地勢一院、溝堰同用」としているのである。地形が一纏《まと》まりなのは開田地図をみても明らかであるが、それ以外に挙げられたように、同じ「溝堰」を利用しているとの理由は、東大寺領となる以前から変わらない状況であろう。つまりここに挙げられた理由は、田辺来女墾田を併合するための、いわば、ある種の牽強付会にすぎない。

上毛野公奥麻呂はかつて越前国少目《しょうさかん》であり、天平宝字三年（七五九）の糞置村開田地図に名を連ねていた国司の一人であった。前述のように墾田永年私財法では、国司は在任中に得た墾田を永年資財とはできなかったので、越前在任中の墾田を戸口である田辺来女の名義としたものであろうと考えるのが最も容易である。ところが奥麻呂の少目在任中の守は、天平宝字三年から藤原薩雄《さつお》であり、同八年からは藤原辛《し》加知《かち》であった。いずれも藤原仲麻呂の乱の中心人物であった仲麻呂の子息であり、乱に連座することを免れえなかった。当時の情勢の中で、結果的に奥麻呂もそれに連座したことになる。

奥麻呂は天平宝字三年には「暇」とあるから、彼の墾田形成はそれ以前の七五〇年代の事であったと思われる。いっぽう道守村の大半を占めた墾田を拓き、天平勝宝元年に東大寺に寄進した東人が、自身の老衰を理由に辞任を考えたのが天平神護二年（七六六）であったから、やはり四〇年代後半から五〇年代は、東人にとって活発な活動期であったと思われる。このことから推定されるのは、墾田永年私財法の下で二人が別々に、同時であるか否かは不明であるものの、少なくとも相前後して墾田形成に尽力していた過程であろう。その結果として、東大寺田と来女墾田が、「相接すること尤も甚だし」とか「溝や堰を同じく用いる」という事態が出現したものであろう。溝や堰を共同で利用するとは、東大寺領となった後で出現したものではなく、それ以前の段階で出現していたものと考えざるを得ない。

奥麻呂の墾田（来女の名義）および東人の墾田はそれぞれの形で、いったん所有が確定していたはずである。墾田に国司の認可が必要であったことは前述のところである。つまり高串村の場合と同様に、それらは越前国公験の形で認可されているか、図籍の形で公式に記載されていたはずである。公験であれば随時発行され、図籍であれば、早ければ天平勝宝七歳（七五五）、遅くとも天平宝字五年（七六一）の班田図に標記されていたはずである。

ただしすでに坂井郡高串村の例で見たように、天平宝五年班田図は条里プランの認識や、方格の方位の表現に問題があった可能性があり、場合によっては天平勝宝七歳以来の表示上の問題を引きずっていた可能性がある。同じような状況は、足羽郡の田図における条里プランの表現や、道守村をめぐる諸墾田の標記においても含まれていた可能性は否定できない。

道守村の場合も、足羽郡の条里プランからすれば第二象限に相当する西北部の、さらに足羽山に隔てられた西北の隅であった。しかも道守村は、主要なもののみでも、由来の異なる二つの大規模墾田の開拓単位を含んでいたのである。開拓単位によって異なる所在地認識が、整然とした方格として表現された足羽郡の条里プランの中に埋め込まれていた、と見るのが妥当であろう。

（8）東大寺領糞置村の現地比定

糞置村については、天平宝字三年（七五九）と天平神護二年（七六六）の二つの越前国足羽郡糞置村開田地図がある。足羽郡条里の第四象限に相当する東南条里の、さらに東南隅における、「動谷里」（現在の帆谷付近）と「大谷里」（現在の二上付近）と名付けられた里を中心としている。三方を山に囲まれた位置にあり、北に開いた、小さな二つの谷からなる。

二つの開田地図で山の表現法は異なるが、いずれも現地の印象を良く表現している。天平宝字三年図は、二町五段余の「田」と一二町五段余の「未開」の「野」を標記し、山は稜線と山麓線を描いているとみられる。

一方の天平神護二年図は、四町二段余の「田」と一一町二段余の「未開」の「野」を標記し、山はより絵画的な印象の強い表現である。当然のことながら絵図的表現の点では、同年の高串村図、道守村図との共通性が高い。

いずれも条里プランの方格網は、一連の整然とした形での表現であるが、標記された「田」や「野」のほか、方格線と山の位置との関係に若干の違いがある。

例えば天平宝字三年図では、西南八条動谷里二二冬岐田の南の区画（二一）に「保々岡」の標記がある。これに対して天平神護二年図では、その西隣の区画（二八）に「保々山」との表記がある。いずれの場合も類似の山の形状が描かれているので、これらの「保々岡」と「保々山」を同一の山を表現したものとすれば、その位置が一区画分（一〇九メートル）ずれて表現されていることになる。この「保々岡」ないし「保々山」がどの山を指しているのかは即断しないこととして、仮に天平宝字三年図がほぼ正南北の方格を表現していると仮定すれば、次のような推定が可能となる。つまり同図に、「保々岡」と標記された位置（二一坊相当の区画）のさらに南方にあたる、現在小文殊山と呼ばれている目立った山が「保々岡」に相当する可能性が高いことになる。

一方天平神護二年図が表現している「保々山」はそれより一区画分西側（二八坊相当の区画）である。両者が同じ山を指している可能性は高いが、そうであればこの状況は、天平神護二年図の方格が実際には少し西側に傾いた状況の方格を正南北に表現している場合に出現する。つまり、ほぼ正南北の方格と推定した天平宝字三年図の「保々岡」が小文殊山であるとすれば、少し西に傾いた方格から見た状況をそのまま正南北に置き換えると天平神護二年図の位置に表現されることになる。換言すれば、やや北北西に傾いた方格の方向から見れば、小文殊山は少し西側に見えることになり、それをそのまま正南北の方格として表現したものが、天平神護二年図である可能性が高いことになる。

この推定を「田」の標記を含めて敷衍してみると、図21のようになる。同図において、一連の南北方向の整然とした方格として表現したのが、右に推定したような天平宝字三年図の表現であり、二つの谷ごとに傾いた方格として表現したのが天平神護二年図において示している実態、という推定となる。同図には、それに伴って変化した各区画の「田」の面積も記入してあるが、それは地形的にそれだけの「田」が存在しえたか否かについての確認のためである。

詳細な比較に耐える操作ではないが、天平宝字三年図と天平神護二年図の同一の坊における寺田面積を比較してみると、同一であるか増加しているものがほとんどであり、全体として「田」が、二町

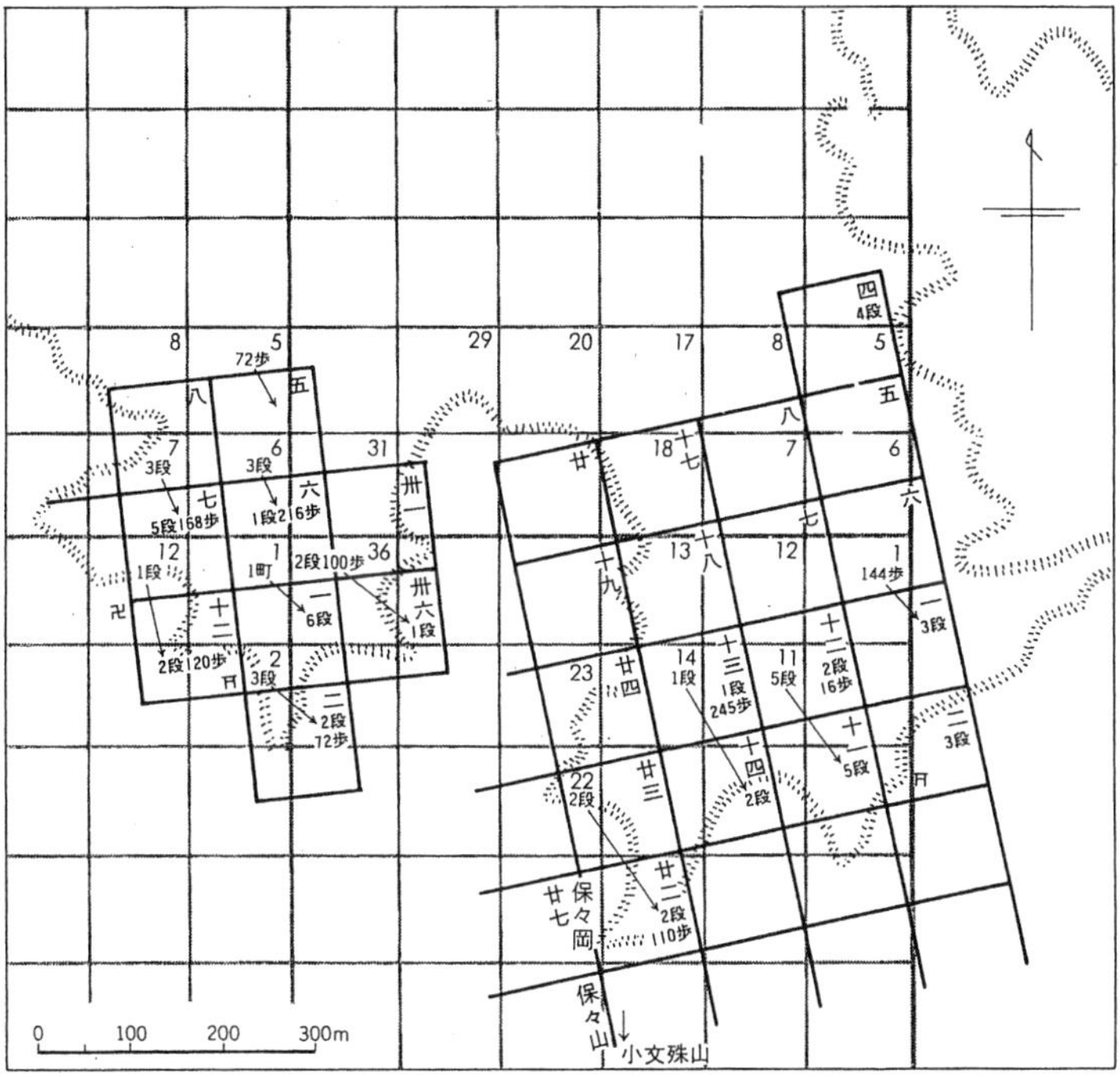

図21　糞置村各坊の田積変化(灰色線（一連の方格網）：天平宝字3年図, 黒線（傾いた方格群）：天平神護2年図)

五段余から四町二段余へと増加していた事実とも矛盾はしない。例外は天平神護二年図に表現された区画が、現実には山が多い区画に相当することになる場合に発生している。

　別の角度からの説明を試みると次のようになる。天平宝字三年図では、二つの谷に点在した二町五段余の「田」を、一連の方格網に位置付けて標記した。それから六・七年を経て、「田」は四町二段余に増加したが、開拓の進行は、地形に従って進み、具体的に現地ではやや西に傾いた方位を南北方向と認識していた。それを天平神護二年図においては、一連の正南北の方格網に位置付けて表現した、という過程が推定されることになる。つまり、天平宝字三年図の条里プランが南北方向の方格網を表現していると考えられるのに対し、天平神護二年図は、現地に残るようなやや傾いた方向の地割に沿った、傾いた方格網を、南北方向の方格プランとして表現したものである可能性が高い。これは基本的には地図作製の基本方針に由来するが、これには「田」の増加、つまり開拓の進行が背景のひとつにあり、天平神護二年図が、限定された範囲における確認の目的を持った国司図の性格を有していることと関わる可能性がある。

少なくとも天平神護二年図ないしその基図は班田図ではない。すでに述べた高串村、道守村の同年の地図と同じ性格を持っていたと考えてよいであろう。高串村図では、天平宝字五年班田図の間違いを幾分か訂正していたし、道守村図では、若干の齟齬のある方格網を一連のものとしていた点で天平神護二年の糞置村図と共通するのである。

(9) 天平宝字三年糞置村図と条里プラン

とすれば、天平宝字三年図の基図についてどう考えるべきなのか、という問題に直面する。つまり、この図もまた条里プランが完成していた状況を示しているのである。とりわけ、この天平宝字三年の糞置村開田地図が、先に述べた坂井郡の高串村や道守村の例より早い時期のものであることに注目すべきであろう。同図には、天平宝字三年十二月三日付けで「竿使　小橋公石正」の自著があり、「造寺判官」「左官法師」等平城京および東大寺から派遣された人物と、在任中の越前国司達の署名が加えられている。

　ところで前述の高串村の例から知られたのは、坂井郡条里プランの完成が天平勝宝七歳（七五五）以後、天平宝字五年（七六二）までの期間のいずれかの時期であった。班田図作製の年次とすれば、天平勝宝七歳、または天平宝字五年のいずれかの年である。足羽郡糞置村開田地図の天平宝字三年は、この期間に含まれるものではある。

　天平勝宝七歳は一般的な班年にあたる。次の班年には、「天平宝字五年田図」の存在が知られることはすでに述べた。糞置村の天平宝字三年開田地図が完成した条里プランを示していることからすれば、その条里プランは天平勝宝七歳に班田図が作製され、それに条里プランが明示されていたと考えるのが自然である。したがって、先の高串村の検討における推定からしても、越前国における条里プランの完成は天平勝宝七歳（七五五）であった可能性が高いことになる。ただし、前述のように同年の越前国公験には条里呼称による土地の所在表記がなかったが、その日付は「三月九日」であった。

　田令によれば班田手続きは一一月から開始し、翌年二月末に終了することとなっていた。この規定通りに実施されたか否かは不明であるが、仮にこの手順とすれば、この公験の日付である三月九日は、同じ年次であっても、班田開始前である。この年の班田の前提となる校田については、天平神護二年越前国足羽郡司解に「(天平勝)宝五年、校田使国史生次田」と記された校田使の存在が知られており、天平勝宝七歳（七五五）三月九日越前国公験の折には、校田は終了していたものであろう。ただし、この公験では条里呼称による表記はなく、条里プランの完成と班田はまだであったことになろう。

なお、天平勝宝五年から校田使が活動し、天平勝宝七歳が班田とすれば、讃岐国で指摘したように、ここでも校田に二年を要していたことになり、条里プランの編成と関わっていた可能性がある。そうであれば、天平勝宝七歳の条里プラン完成の可能性は極めて高いとみられることになる。

したがって、糞置村開田地図に戻れば、天平宝字三年図の基図は天平勝宝七歳班田図であったことになろう。

なお、東大寺領の占定そのものは、平栄が来訪した天平勝宝元年（七四九）に始まっていたことを確認しておきたい。先の道守村に関わる、生江臣東人や上毛野公奥麻呂（田辺来女名義）の墾田形成が盛んであったのも、相前後する七四〇年代末ころから五〇年代ころであったと考えられることも想起しておきたい。墾田永年私財法を受けた活発な墾田形成の結果、それらの記録や識別のために、条里プランの必要性が高まったという、一般的背景があったものであろう。

2　東大寺領の越中国諸荘園

（1）天平宝字三年図と条里プラン

越中国にも多くの東大寺領が存在し、その中には越前国の糞置村開田地図と同様に、天平宝字三年のものが六点存在する。射水《いみず》郡榤田開田地図、同郡須加開田地図、新川郡大藪開田地図、同郡丈部《はせつかべ》開田地図、砺波郡伊加流伎開田地図、同郡石粟村官施入田地図である、系譜の異なる最後者以外はすべて「天平宝字三年十一月十四日」付けで「竿使　小橋公石正」が自署している。最後者だけは、奈良麻呂の没官地を天平宝字元年（七五七）に勅施入したものであって系譜が異なり、その位置に僧「朗賢」等の自署がある。ただし署名の日付は全く同一である。この日付は先の越前国足羽郡糞置村図の十二月三日に半月間ほど先行する。

この六点のうち新川郡大藪と砺波郡伊加流伎の二点の開田地図には、碁盤目の方格は描かれているが条里呼称の表現はない。これに対して、残りの四点は、例えば「廿七條黒田上里三行三野田二段」、などと、越中国の特徴的な条里呼称による田の標記をしている。条里呼称の表現のない二点はすべて「未開」であり、標記すべき対象がなかったのが条里呼称の標記のない理由であったと考えてよいであろう。すべてが未開地であれば、条里呼称が設定されなかった可能性もある。天平宝字三年の砺波郡伊加流伎開田地図の地には、神護景雲元年（七六七）に「伊加留岐村」があり、若干の既墾地が存在していたが、そこには「栗原里」の条里呼称が記されて完成した条里プランの存在が知られる。

いずれにしろ、天平宝字三年には越中国においても条里プランは完成していたとみられることになる。従って、具体的にそれを明示する資料はないが、越前国と同様に天平勝宝七歳に班田が実施され、その折までに条里プランが編成された可能性が高い。

これら越中国の東大寺領荘園の多くは、やはり僧平栄の天平感宝元年（七四九年）の来訪にかかわる。その際、越中守であった大伴家持《おおとものやかもち》に饗応されたことが『万葉集』巻一八に記載されている。このことからすれば、東大寺領の越前国糞置村などと同様の状況を推定したい。しかも、竿使ないし僧の署名がすべて十一月十四日と、越前国の糞置村の場合の十二月三日より、半月間ほど早い日付である。名前を連ねている国司のうち、「朝集使」あるいは「在京」と注記されているように、職務などで国府に不在の場合に署名をしていないことからすれば、竿使小橋石正もまた国府で署名したものである可能性が高い。とすれば、派遣された一行は、越中国府で署名の後、ほどなく越前国府でも同様に署名をしたことになる。

(2) 砺波郡条里プランと東大寺領井山村

越中国には、天平宝字三年図のほかに、次のように始まる一連の麻布に描かれた荘園図がある。

越中国東大寺墾田并野地図
　合七処
　　砺波郡三処　井山　伊加留岐　杵名蛭
　　（射水）郡三処　須加　鳴戸　鹿田
　　（新川郡一処）大荊」
（七図略）
　　　　　　神護景雲元年十一月十六日田使「僧宝哲」
　　　　専当国司従五位上員外介利波臣志留志
（国）司

（　?　）守（佐）伯宿禰朝集使

（国司六名略）

いずれの荘園図も天平宝字三年図と同一の様式の条里プランによって寺田を標記している。

このうちの井山村、伊加留岐村と、天平宝字三年図のある、伊加流伎、石粟村の表現概要を整理すると、図22のように南北に接する位置にあったことが判明する。すでに述べたように伊加流伎図には、条里プランに相当する方格のみで、条里呼称は標記されていないが、同図東端の「岡山」の表現や、四至の記述によって図22の位置であったことが判明する。石粟村は二七・二八・二九条、伊加留岐村は二五・二六条、井山村は二五・二六・二七条なので、条の数値からのみでも、砺波郡の条里プランの条は西から始まって東へと数え進み、これら三ヵ村はいずれも砺波平野東端であることが判明する。

模式的にはこのような位置関係であるが、井山村の「岡幷山」「往木波村道」あるいは村域内の川の表現などや、標記された田の分布と地形条件との関係からすれば、井山村一帯の条里の方格の方向の認識は、東側を画する芹谷野段丘の断層崖にほぼ沿った方向であったとみられる。実際には図23のような状況であったと推定される。東に二五度ほど傾いた方位によって認識された方格を図22のように西南北の条里プランとして表現したものであったと思われる。

すでに述べたように、石粟村は奈良麻呂の没官地に由来し、伊加留岐村は天平宝字三年伊加流伎野図ではすべて未開であった。これに対して井山村は、利（砺）波臣志留志の墾田であったと考えられている。このことは伊加流伎野図の四至に「南利波臣志留志地」とあることによっても知られる。

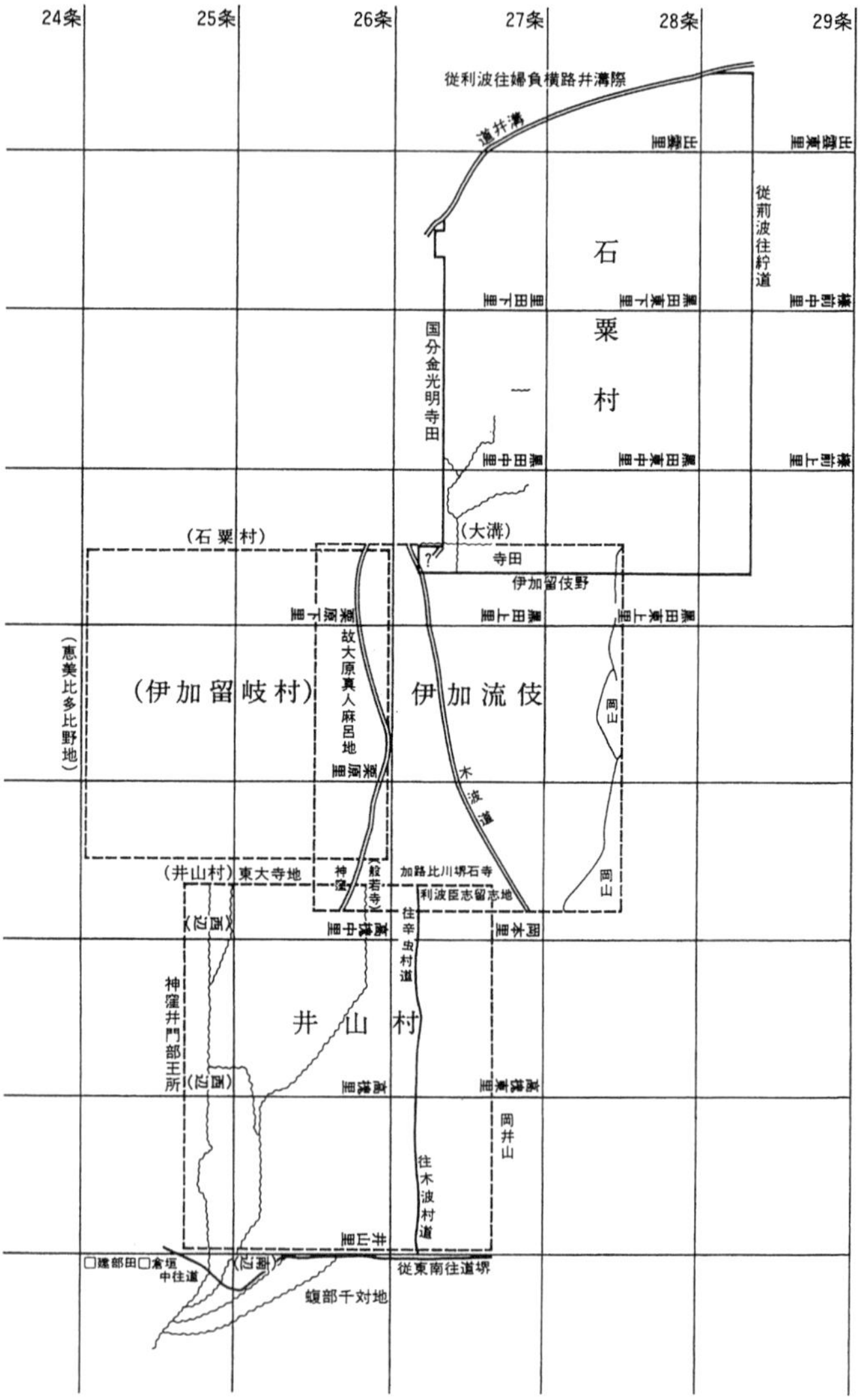

図22　石栗村・伊加流伎（伊加留岐村）・井山村各図の位置関係模式図

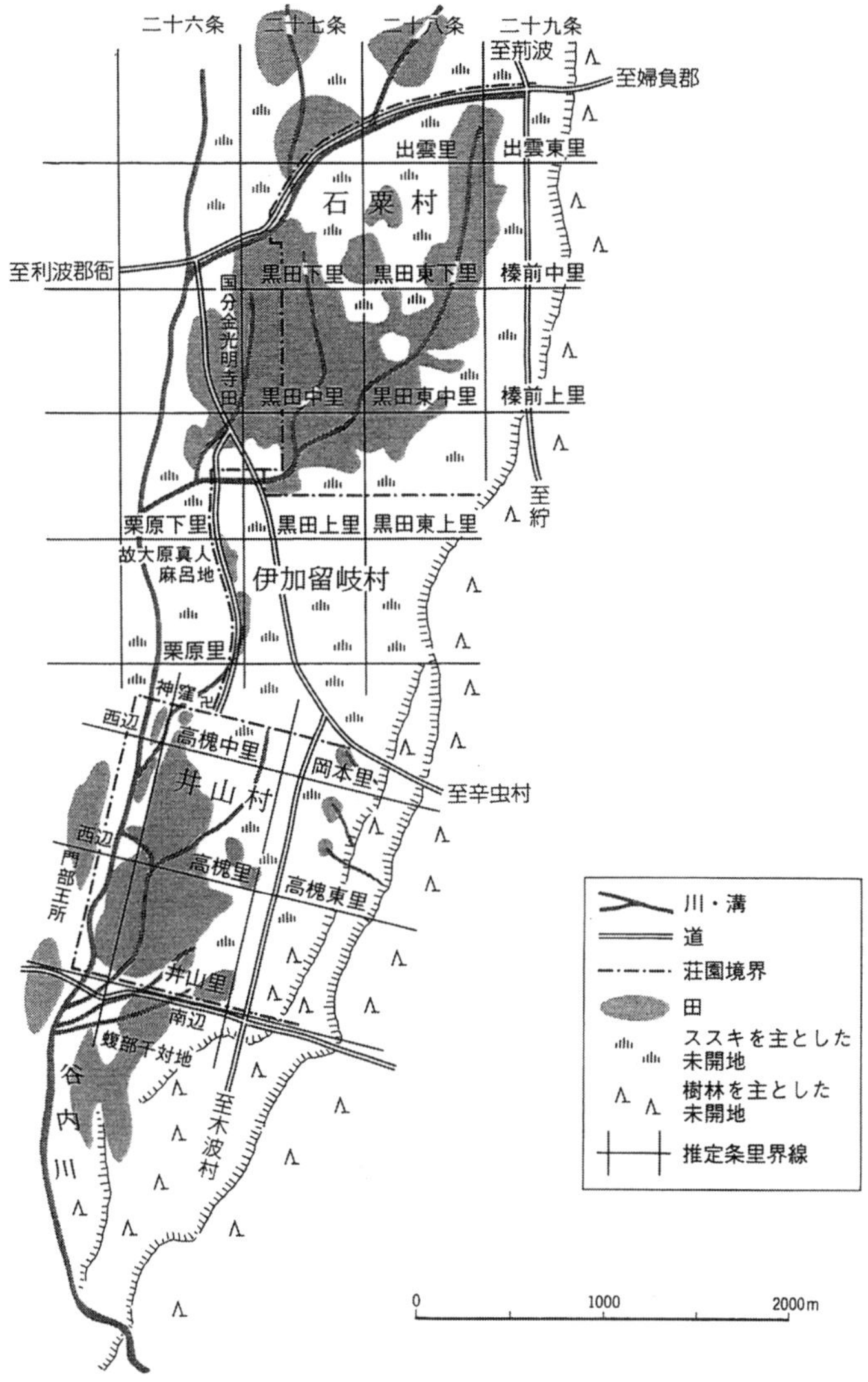

図 23　石粟村・伊加留岐村・井山村比定地付近の景観の概要

つまり井山村は、越前国における、高椅連縄麻呂の墾田を基礎とした坂井郡高串村や、生江臣東人の寄進田を基礎とした足羽郡道守村ときわめてよく似た、地元豪族による開発に由来したものであったことになる。開拓の時期もまた類似したとみられる。利波臣氏もまた、砺波郡司に名を連ねる地元有力豪族であった。ただし井山村の墾田を寄進した志留志は、その功によって国司の一員となり、この荘園図を描いた一連の麻布の末尾には、「専当国司　員外介」として名を連ね、署名している。

郡の西端から東へ条を数え進み、里に固有名詞を付す、また里内の表示を「数字＋行、数字＋小字地名的名称」とする条里プランの様式は、ここに述べた砺波郡のほか、射水郡、新川郡においても確認することができる。

（3）　東大寺領と二通の越中国司解

神護景雲元年（七六七）一一月一六日付の越中国東大寺領荘園図とまったく同じ日付の「越中国司解」にふれておく必要がある。これは「串検校東大寺墾田幷野地図事」として始まり、末尾に同日付の墾田図末尾の記載と同じ国司名が連ねられたものである。それにはさらに、別筆であるが、「右件田図、付浄人浄濱、送上三綱所」と加えられ、同国司解と同年図が一体であったことと、同国司解が東大寺に送上されたことを示す。

そこで、越前国について先に整理した班年を想起したい。神護景雲元年（七六七）はまさしく班年に相当する。この年の班田に際して「東大寺墾田幷野地図」についても「検校」して、墾田図とともに上申したものと考えられる。

ところが類似の「越中国司解」がもう一通伝存することにふれなければならない。「越中国司解 中検校東大寺墾田地事」で始まり、例えば井山村はまったく同一であるが伊加留岐が入っていないことなどが指摘されていて、一部異なったところがあるが、類似の内容を列記したうえで、七名の国司が名を連ねたものである。名前の表現に一部相違があるものの、国司も同じ七名と考えられる。日付は天平神護三年（七六七）五月七日であり、改元されているが、神護景雲元年と同年内の日付である。

ただこの越中国司解の末尾には、「被太政官去四月九日符偁」と、一か月ほど前の太政官符に応じたものであることを記している点が、神護景雲元年の国司解との違いである。極言すれば、両者の内容の相違が大きいのは、日付の月日の違いと、墾田図を伴っているか、いないか、の二点であることになろう。

先に検討した越前国解を想起したい。天平神護二年一〇月二一日付の同国司解は、末尾の記載によれば、「被太政官去八月廿六日符偁」とまったく同じ文面を記して、約二か月前の太政官符に応じたものであるとしているのである。

つまり天平神護二年越前国司解と、天平神護三年越中国司解は、同じ政策下において作成されたものである可能性が高いことになろう。

とすれば、越前国解には荘園図が添付されていたのに対して、天平神護三年越中国司解はそうではなかった、という点が大きな違いである。

越中国では、七面の図を付した神護景雲元年越中国司解を、改めて作成して申上したものであった可能性が高い。

3　阿波国の東大寺領

（1）　東大寺領阿波国諸荘

阿波国東大寺領には、天平宝字二年（七五八）の年紀のある阿波国名方郡新島荘図と呼ばれてきた地図と、同年と推定されている「阿波国名方郡大豆処図」がある。前者には「東大寺図入地卅一町五十歩　天平宝字二年六月廿八日造国司図案」と記入されているので、慣例の図名ではなく、「国司図案」と称すべきものであろう。前者のような呼称が生じたのは、天平勝宝八歳阿波国名方郡新島荘券に、天平勝宝元年（七四九）に「占野」された「新島地」と見えるものとの混同である。ほかに「大豆津圃」と称する地もあり、詳しい検証は先に発表したので繰り返さないが、承和一一年（八四四）ないし嘉祥三年（八五〇）まで、「新島地」「大豆津圃」「東大寺地」という三か所の別箇の荘園があった。天平宝字二年（推定）「大豆処図」と同年「国司図案」の二点の荘園図は、このうちの最前者を除く二か所のものであり、新島荘のものではない。

　このほか、年不詳の阿波国新島荘坪付と称する史料があり、「東大寺地卅一町二段　券文所注」「宝亀四年図被」輸」公一町四段」といった記述がある。つまりこの史料から、先の荘園図に記された面積とほぼ同様の「東大寺地」の存在し、また阿波国には、宝亀四年（七七三）図（おそらく班田図）の存在したことが知られる。

さて、「大豆処図」には、面積一町の方格線、三本の道、川（「大川」）が描かれ、方格の中に六か所「畠一町」と標記されている。この地図からは、天平宝字二年の段階では条里プランは完成していなかったと考えられる。この大豆処は大川と称する、吉野川であった可能性のある河畔の畠つまり園宅地を主としており、大豆津という名称もあるように、港湾機能を有していた可能性がある。少なくとも単なる墾田ではなかった。

（2） 天平宝字二年国司図案と条里プラン

一方、東大寺地「国司図案」では、「大川」ほか、「江入・江・入江」などと記した河道と「地堺・堀城・道」などの文字とそれらに相当する線などが描かれている。この図の特徴は、条里の方格線が描かれ、しかも方格内に条里呼称が標記されていることである。「大豆処図」と同年の地図でありながら、完成した条里プランを表現しているかに見えることが特徴である。しかしさらに詳細に検討すると、各方格内の右上から、つまり図名と同じ方向に、西を上にして小字地名的名称・面積などが標記されている。条里呼称はこれらの標記を避けながら方位を変えて、ほぼ北を上にして記入されているのである。つまり、条里呼称は、いったん成立した地図に、すでに存在した記載を避けながら記入されたか、または、条里呼称のない図（条里プラン完成以前の田図）を原図として作製したか、のいずれかであったことになる。なお、木原克司や三河雅弘は、「国司図案」が表現している位置や「大豆処図」の位置を比定する試みをしているが、いずれも河道の変化によって現地の状況は大きく変わっている。

以上のように、もともとの「国司図案」と「大豆処図」のいずれもが条里プラン完成以前の状況を表現していることになる。とすれば天平宝字二年（七五八）には、まだ条里プランが完成していなかったことになろう。一方すでに述べたように、宝亀四年図が存在したことが知られるから、同年（七七三）には条里プランは完成していたとみられる。何時完成したのか、という点と、何時それが「国司図案」に記入されたのかという点が問題になる。

讃岐国で条里プランが完成した時期は、天平宝字五年の校田と翌年の班田がかかわっていたとみられるから、班田図の作製という点からすれば天平宝字六年（七六二）となろう。具体的な資料はないまま、隣国の讃岐と同じころとするのは安易ではあるが、そうであるとすれば越前と越中の場合と同様であったと考えられる。この年次は、讃岐国の史料で条里プランの完成時期を絞りこんだ、七五八年以後、七七三年以前のちょうど中間であり、矛盾はない。阿波国における条里プランの完成は讃岐国と同様に天平宝字六年の班年ころと考えておきたい。ただしこの班年は、越前で確認した天平宝字五年より一年遅れていることにも注意しておきたい。

ところで先に述べたように、三か所の東大寺領荘園のうち新島荘は天平勝宝元年（七四九）の「占野」によるもの、また「東大寺地」を表現するのが、天平宝字二年（七五八）の「国司図案」であることからすれば、これらの地では、やはり七五〇年代ころに墾田形成が進んだものであろう。

なお、「国司図」とは正式な地図である校班田図ではない、国司が必要に応じて作製した部分的なものと考えられる。その点でも、もともとの「国司図案」（条里呼称記入以前）が、前述の弘福寺領讃岐国山田郡田図と共通性の高い地図であったこととなる。これ自体が、この推定の一つの傍証となろう。しかも「案」であるから、国司図としても正式図ではない。

またこの「国司図案」には、後で条里呼称を記入したことは、すでに先に述べたように明らかである。その時期はもともとの図ができて九〇年ほど経た承和七年（八四〇）から嘉祥三年（八五〇）ころと考えている。その時点で同図はまだ使用されていたことになる。詳細な推定は、すでに述べたことがあるのでここでは省略する。

四　寺領荘園・条里プランと担当者

1　寺領の占定手続きと検田

(1)　墾田認可と国司の役割

律令国家は基本的にすべての田（耕地）を国有とし、六年ごとにそれを班田収受の対象とした。すでに述べたように、例外は神田であり、寺田もこれに準じる場合があった。八世紀初めころには、古代寺院が多くの田野を占有する傾向が強まっていた。

一方で律令国家は、開拓による墾田の形成を促した。三世一身法などの若干の移行期を経て、天平一五年（七四三）の墾田永年私財法によって、墾田を私財とすることを認めた。これが土地政策の大きな転換であったことは繰り返すまでもない。この新法によって私財となる墾田獲得の制約は、所有者の位階と職制による面積の上限と、国司による認可のみとなったことに注目しておきたい。

国司は公験《くげん》を発行して墾田の所有と所在地を確認した。越前国の例で紹介した公験は、郡司が作成して国司が「国判」を追記した形の様式であった。公験の土地所在地表記は、条里プラン完成以前における、所在郡・郷と、面積・四至による様式から、条里プラン完成以後における、条里プランによる表記へと変化した。さらに必要に応じて、「国司図」あるいは「勘注図」と呼ばれる特定範囲の地図を作製したとみられる。「国司図」・「勘注図」と称された地図のほかに、この類型には別の形の地図があったことも知られた。例えば、班田図とは別に作製されたとみられる、天平神護二年越前国司解《げ》に付された足羽郡糞置村と道守村の地図なども、この類型に含まれることになる。また最終的には、口分田・乗田・墾田等の各種の田を、班田図に標記するという手続きを取ったことも知られる。

以上の業務を推進する一方、国司は、在任中に自らが開墾した墾田を、離任後に所有し続けることが禁止されていた。国司の役割を見ていく前に、まずこの制約を再確認しておきたい。

さて、すでに述べたように、墾田永年私財法発効からほどない天平勝宝元年（七四九）、東大寺には、大安寺・薬師寺・元興寺・興福寺などとともに墾田一〇〇町が勅施入され、さらに同年、四〇〇〇町の墾田所有枠が認められた。同時に認められたのは、元興寺二〇〇〇町、大安寺・薬師寺・興福寺・法華寺・諸国国分寺等が各一〇〇〇町であった。

これ以後、東大寺がとりわけ活発に墾田取得に乗り出したことはすでに述べた。この年さっそく、「佐官法師平栄」を越前・越中に派遣して、墾田の設定に向けて活動を始めた。この当時の北陸道諸国の一つ、八世紀の越前国は、後に分置された加賀国の領域を含む「大国」であった。また同じころ、越中国は能登を含む「上国」であった。

（2） 越前国東大寺領と国司

越前国司の長官である守《かみ》は、天平一九年（七四七）から茨田王《まむたのおう》であった。東大寺僧平栄が来訪し、国司とともに寺田の選定に関わったのは天平感宝元年（七四九）であったが、越前守は同年から粟田《あわたの》奈勢麻呂《なせまろ》に代わり、次いで佐伯美濃麻呂と奈勢麻呂の再任があって、天平宝字三年（七五九）には藤原恵美薩雄《えみさつお》となっていた。

この時期の同国足羽郡「西南四条七桑原西里八坊　栗川庄所」の寺田に関わって、天平神護二年（七六六）の足羽郡司解が残されている。同解によれば、天平勝宝元年（七四九）五月「寺司法師平栄・造寺司史生生江臣東人《いくえのおみあずまひと》」と「国医師・足羽郡擬主帳」が「寺家野」を「占」し、同年八月には、足羽郡大領と擬主帳によってこれに「郡司判」が給された。さらに天平宝字二年（七五七）にはこの郡司判を根拠として、当時の越前守佐伯宿禰美濃麻呂がこの郡司解に「国判」を与えた。

この寺領については問題が発生したことが知られ、ここでも国司が「図幷券文を検す」事態となっていたが、寺領占定と権利確定の過程はほぼこのような状況であったと思われる。

天平宝字三年の糞置村開田地図には、守、介《すけ》、員外介、掾《じょう》、大目《おおさかん》、少目の名があるが、国司の過半は「朝集使、在京、入部内、暇」等で国府に不在または空席であり、実際に署名しているのは介の「阿部朝臣広人」と掾の「平群朝臣虫麻呂」の二名であった。

なお、「図幷券文」を検した結果として、天平神護二年には再び足羽郡司解がつくられた。その署名から見ると、造寺司史生であった生江臣東人は、この時点で足羽郡大領となっていた。天平神護二年のこの足羽郡司解には、東人もまた自署を加えていた。それに再び国判が与えられたことになるが、この折に署名した国司に守の名はなく、筆頭は介の多治比真人《たじひのまひと》長野であった。

この間、天平宝字三年（七五九）に越前守は、藤原恵美朝臣つまり藤原仲麻呂の息薩雄となり、次にやはり息の辛加知《しかち》となって、仲麻呂の乱に至った時期に関わることは繰り返すまでもない。

このころ越前国では、国司の一人（大目）上毛野公《かみつけののきみ》奥麻呂が墾田形成を進めたとみられること、おそらく先に確認した在任中の墾田を離任後に所有できないという制約があったので、奥麻呂はその墾田を戸口の田辺来女の名義としたとみられることもすでに述べた。このころまた、越前国足羽郡の大領となる生江臣東人が、自らの墾田一〇〇町を東大寺に寄進したことなどが知られるが、その許認可に国司がかかわったことはすでに述べた。天平宝字三年と天平神護二年の東大寺「開田地図」類にも、国司の名が列挙され、在任中の国司が署名していることもまた、先に述べたとおりである。

（3）　越中国・阿波国東大寺領と国司

越中国が後の領域より広大であり、八世紀には能登を含む「上国」であったことはすでに述べた。天平一八年（七四六）、その越中守に大伴家持《おおとものやかもち》が任じられた。家持は、天平感宝元年（七四九）に東大寺僧平栄が訪れて東大寺領を占定した時、おそらくその占定に関わり、少なくとも平栄を饗応したことは『万葉集』の詞書から知られる。越前国の例からすれば、具体的手続きには国司のみならず郡司もかかわっていたと推定してよいであろう。いずれにしても、墾田の確認のためには、まず郡公験が作られ次いで国公験が作成されたとすれば、最終的にそれには国司判が加えられていたとみられる。

また越前国と同様に、越中国にも天平宝字三年の開田地図が存在するが、それらにはやはり、守、介、員外介、掾、目の名があり、介「栗田朝臣男玉《くりたのあそん》」と、掾「三嶋県主宗麻呂《みしまのあがたぬし》」の署名がある。いずれの場合にも、これらの開田地図には条里プランが表現されており、それぞれの基図があったと考えられるので、越中国においても、それ以前の天平勝宝七歳（七五五）の班田図が存在したことを推定することができることはすでに述べた。その班田の前年、天平勝宝六年（七五四）に越中守に任ぜられていたのは石川豊人であった。

少し後の事になるが、越前国足羽郡豪族生江臣東人と同じように墾田形成を進めて立身した豪族の存在が知られる。越中国砺波郡で墾田形成を進め、米三〇〇〇碩を東大寺に寄進して外従五位下となり、さらに墾田一〇〇町を寄進して従五位上の位階を得た、砺（利）波臣志留志である。越中国東大寺領には、神護景雲元年（七六七）の「墾田幷野地図」と題された一連の荘園図があるが、それらには「専当国司」として「員外介」が充てられていたことが知られる。その任にあったのが、墾田形成に尽力した地元砺波郡の豪族、砺波臣志留志であった。砺波臣氏一族は砺波郡司大領等に名の見える氏族であり、志留志はさらに後に、伊賀守に就いたとみられる。

一方阿波国では、東大寺領荘園図が作製された天平宝字二年ころの守の名は知られていないが、少なくとも「国司図案」を作製していたことが知られる。条里プランが完成した可能性を指摘したのは、天平宝字六年（七六二）であったが、その翌年には菅生王が阿波守に任じられている。

越前国では、郡司解が造られて墾田の具体的状況が報告され、それに国司判が加えられて公験として確認されたことが知られるが、このような過程の中で国司図が作製された例があったとみられる。さらに、天平神護二年の越前国国司解とともに作製されて東大寺へ上申された、坂井郡高串村図、同国足羽郡道守村図、足羽郡糞置村図なども、班田図とは別の地図であり、国司図の一種であった可能性があることはすでに述べた。

詳細な説明を繰り返すことは避けるが「国司図」とは、設定された寺田や墾田、あるいは寺田などへと施入すべき土地など、班田収授の対象外となるような土地の多い部分について、特別に作製した地図と考えられる。その際には特別に調査をした可能性も高く、天平神護二年の越前国国司解がその例ともなろう。その場合に口分田や乗田などとの識別も重要な手続きであった。そのような際に、国司の責任ないし権限によって作製したのが「国司図」という名称の所以であろう。

以上のように、東大寺領荘園については、その占定に郡司や国司が様々にかかわっていた。国司が墾田の認可を行うことは、墾田永年私財法の規定でもあった。東大寺僧平栄などが確かに派遣されて来てはいるが、開田地図などに連ねられた役職名を見れば、むしろ地元の郡司や国司が中心的な役割を担ったと考えられる。つまり東大寺領は、律令国家の方針のもとに国・郡の行政機構が実際上の業務を担ったと考えられる。

加えて、越前国の道守村の場合は、七五〇年代ごろに生江臣東人や上毛野公奥麻呂が大規模な墾田形成を行っていた地域でもあったことが知られる。越中国の場合も、相前後する時期に橘奈良麻呂の広大な墾田が形成され、没官地となって東大寺に施入された。天平宝字三年（七五九）石粟村図を残す石粟村の田地が開拓されたのもおそらく七四〇年代終わりころから、五〇年代にかけてのころであろう。砺波臣志留志が米三〇〇〇碩を寄進したのが天平一九年（七四七）、百町と標榜された墾田の寄進が神護景雲元年（七六五）であったから、これもまた相前後する時期であったと思われる。この時期は、東大寺にとっても地元の国郡にとっても、寺領あるいは墾田の存在そのものをめぐって行政事務が大きく動き、またその中で条里プランが形成された時期でもあった。

（4）越中守大伴家持

天平一八年（七四六）に従五位下大伴家持が越中守に任ぜられたことはすでに述べた。任命後に間もなく赴任したとみられ、同年八月には、越中守家持の館で宴を催した折における、家持自身をはじめ掾・大目・史生等の国司と僧による歌が『万葉集』（三九四三の歌、以下同様）に採録されている。家持はもちろん、大宰帥《だざいのそち》並びに中納言兼中務卿《なかつかさきょう》などを歴任した大伴旅人《たびと》の息であり、天平勝宝三年（七五一）に少納言（『万葉集』四二五九など）となり、その後兵部少輔《ひょうぶしょうゆう》、山陰道巡察使、右中弁などとも見える。

要職を歴任した旅人と比べると、家持の職歴はいま一つの感があるが、一般的に指摘されている大伴氏全体の衰勢傾向の中での状況であったものであろう。ところが『万葉集』に収載された歌が多いこともあり、当時の京から派遣された国司が、任地において果たした活動の一端を具体的に知ることができる。

『万葉集』には、前記の「家持館」(「長官之館」(四一一六・四一一八)も同所であろう)での「宴歌」を始め、「大目之館」および「客屋」(三九五六)、「掾之館」(三九九五・三九九八)、「少目之館」(四一三五)、「国庁」(四一三六)、「判官之館」(四一三八)などでの「宴歌」の開催を記している。これらの施設は、高岡市伏木一帯における、解析谷に刻まれた台地上の各所に点在していたと考えられる。国府域のそこここに点在したいろいろな施設において、「宴歌」が催されたことが知られる。

特に天平勝宝二年の国庁における饗には、「諸郡司等」を集めている(四一三六詞書)ことに注目しておきたい。

『万葉集』ではこのような折に詠まれた歌を数多く収載しており、国司の具体的動静の一端をうかがうことができる。配下の国司はもとより、郡司を含む越中国内の諸役人との行政的な関係に加えて、饗・宴・歌を通じた交流の展開もあったこととなる。このような国府各種施設での催し自体が、当時の行政にかかわっていたものであろう。

さらに家持は、次のように東大寺領などの荘園についても深く関与していたことも『万葉集』収載の歌や詞書から知られる。

(5) 家持と東大寺領「検察」

典型的なのは、天平感宝元年(七四九)五月五日、すでに述べたように東大寺から派遣されてきた

「占墾地使僧平栄等」を、家持が「饗」して（四〇八五詞書）次のような歌と酒を送っていることである。

焼太刀を礪波の関に明日よりは　守部遣り添へ君を留めむ（四〇八五）

この際平栄は、すでに述べたように、越中国の東大寺領荘園の設定の多くに関与した。越中国には八世紀の東大寺領荘園が、計一〇ヵ所（射水郡四、砺波郡四、新川郡二）も存在したことが知られるが、そのうちの射水郡楔田・須加・鳴戸、砺波郡伊加流伎・石粟、新川郡大藪・丈部などの「開田地図」（正倉院宝物、石粟のみ「官施入田地図」）に、平栄が「佐官法師『平栄』」として署名している。すべてが天平宝字三年（七五九）一一月一四日付であり、家持はすでに離任した後であるが、守（「朝集使」）・員外介（「在京」）・目（「大帳使」）の三人の国司が用務のために平城京へ赴いていて署名していないものの、在国の介と掾が署名している。この状況からすれば、これらの署名は越中国府でなされたものであるとみられる可能性が高い。とすれば平栄は、家持の饗宴を受けた年に各所の東大寺地の選定を行った後、その一〇年後にあたるこの署名時に、改めて越中を訪れていたと見られる。

平栄の最初の饗宴のあと家持はおそらく、平栄の意向を受けて東大寺墾田の占地に関わったと思われる。守として国政全般を統括する以上、国策に沿って東大寺荘園の占地と検察に関与していたであろうことは推定できるが、さらに具体的な状況も知られる。

最初の平栄の饗宴から七ヵ月後、天平勝宝二年（七五〇）正月、として『万葉集』は、次のような家持の歌と詞書《ことばがき》を掲載している。

墾田の地を検察することによりて、砺波郡の主帳多治比部北里の家に宿る。
荊波《やぶなみ》の里に宿借り春雨に　隠《こも》り障《つつ》むと妹に告げつや（四一三八）

右の詞書には、「墾田」の「検察」のために、国府のあった現在の高岡市伏木から、南の砺波郡へ来ていたことを記している。この時期に検察が必要な墾田とは、設定間もない東大寺領である可能性が極めて高いと思われる。前記のような多くの東大寺領のうち四か所が砺波郡であったが、そのうちの三か所は砺波平野（砺波郡）の東北辺にあった（図23参照）。残り一か所もその少し西にあって、「荊波の里」とは砺波郡北東部にあったものと考えられる。ただし、この郡司の一人（主帳）多治比部北里の家が、砺波郡家とどのような位置関係であったのかは不明である。しかし石粟村比定地のやや北にあたる常国遺跡において、井戸を伴った八世紀の掘立建物跡が検出されていることに注目しておきたい。仮にその付近であったとすれば、砺波郡墾田の検察の際の宿とする、郡司の家として格好の位置であろう。いずれにしろ荊波とは、砺波郡の地名である。

（6）　家持の「属郡巡行」

家持はこの際のほかにも、この付近を訪れているとみられる。やはり『万葉集』には、次のような一首が載せられている。

礪波郡の雄神川の辺にして作る歌一首
雄神川紅にほふ少女らし　葦附採ると瀬に立たすらし（四〇二一）

その詞書にある「雄神川」を、単純に庄川の旧称と考えてきたのが通説であった。しかし、雄神付近から砺波郡東辺の東大寺領三ヵ荘の西側付近へと流れていたのは、旧谷地川の流路と考えられ、この流路が一七世紀に現在のような庄川の河床となったと推定される。おそらく雄神川はそれ以前の谷地川の旧称である。その川こそ、「葦附」を採るために少女が瀬に立つ、という情景にふさわしい。庄川は現在のように築堤されて一本の流れではないとしても、少なくとも大河川はこの情景には結びつきにくい。さらに言えば、八世紀の庄川の主流は、砺波市久泉遺跡の考古学的調査の結果、後の千保川河道付近であった可能性が高い。杵名蛭村の荘園図によれば、千保川旧河道付近の庄川下流付近は「杵名蛭川」と称されていた可能性が高く、さらにそのすぐ西には「速川」と「石黒川」が流れていたことが知られる。

さて、国司は「属郡巡行」（「戸令」）が任務の一つであった。家持が当時の越中国各地を訪れていたことは間違いなく、上記の雄神川の情景もその折に関わる可能性がある。さらに、国府周辺の射水郡とその北に臨む富山湾、およびすでに述べた砺波郡を除いても、『万葉集』には次のような歌ないし詞書が載せられている。

婦負《ねい》の野の薄押しなべ降る雪に　屋戸借る今日し悲しく思ほゆ（四〇一六）

婦負郡の鸕坂河の辺（四〇二二詞書）

新川郡の延槻河を渡る時（四〇二三詞書）

婦負川の早き瀬ごとに篝さし　八十伴の男は鵜川立ちけり（四〇二四）

これらによって、砺波郡のみならず、後の越中国の四郡すべてが、家持の「属郡巡行」の対象であったことがうかがえる。家持は後の能登についても巡行したことが知られ、やはり『万葉集』に出現する。

能登郡の鹿島の津より発船して、熊来村を指して（四〇二六・四〇二七詞書）
鳳至《ふげし》郡の饒石川を渡りし時（四〇二七詞書）
珠洲《すず》郡より発船して治布に還りし時（四〇二九詞書）

などの記述に見られるように、実際に各郡へ出かけていたとみられる。その目的を「春の出挙に依りて、諸郡を巡行し」と記しているので、春に官稲を種籾用稲として農民に貸し付ける出挙の巡察に出かけたことが知られる。国司はこのように、墾田の許認可、荘園図への署名のみならず、一般的な検察や出挙の実施監督にも関与していたことが知られる。必要があれば国司図をも作成したと推定されることもすでに述べた。

2 条里プランと校班田使

（1） 班田司（使）と国司・郡司

国司が様々に墾田・寺田の設定・検察に関わったことはすでに見てきた。国司が関与した国司図に代表される、特定地域の地図が作製された例もあった。しかし、郡単位あるいは一国全体の条里プランの編成に、国司が直接関与したことの判明した例は、少ない八世紀の史料の中には見つからなかった。ところで、史料に散見する巡察使、校田駅使、班田司などについては、必要に応じて検討を加えたが、ここで改めて整理をしておきたい。

先に紹介した「大和国添下郡京北班田図」は後の荘園図であるが、基図の一つに、宝亀三年（七七二）校田の結果を記した宝亀五年（七七四）付の「大和国添下郡京北四条」班田図を使用していた。この京北四条班田図には、末尾に「竿師《さんし》」一名と「史生《しじょう》」三名の名があり、さらに「国司大目」および「郡司大領」各一名と「長官（中略）佐伯宿禰（今毛）人」、「次官、判官（二名）、（権）判官、主典」などの人名が記されている。つまり班田司（長官、次官、判官、主典）、国司（大目）、郡司（大領）などが関わっていたことが知られる。竿師という専門の役職（技術）者の関与も知られる。竿師は天平宝字三年の東大寺領の越前国や越中国の開田地図にも署名が見られるが、かならずしも職務についての詳細が知られているわけではない。ただし、計算や測量に関わる専門技術を有していたとみられている。

一方すでに述べたように、天平勝宝七歳（七五五）の畿内班田に関わる「班田司歴名」（正倉院文書『大日本古文書』編年四）には、「班田司　合七十五人　准判官五人　竿師廿人　史生五十人」と記され、個々の人名が記されている。人名を列記された准判官の五人は、「左（京）」「右（京）」「河内」「（摂）津」と国ごと（大和は二分）の担当に分けられていたと考えられる。またこのような記載からすれば、竿師と史生はともに班田司の職名でもあったことになる。

この「班田司歴名」と京北四条班田図記載の職名が一致するのは、(准)判官と竿師・史生であるが、京北四条班田図の末尾の記載からすれば、歴名に見られる職名のほかに、少なくとも長官が任名されていたものであろう。さらに、国司と郡司も班田にかかわっていたことはすでに述べたように明らかである。特に長官が任命されないというのは理解が苦しいが、この「班田司歴名」は班田司の総数から始まっており、内容は一応完結しているとみられる。そうであるならば、別の可能性を考える必要がある。

ただし、この天平勝宝七歳の折の班田図は遺存せず、この点を確認することはできない。ところが先に、大和国では、宝亀三年校田に続く宝亀五年(七七四)班田図が、大和全体の体系的条里プランの表記例の最初であった可能性を指摘した。とすれば条里プランの編成は、宝亀三年から同五年の校班田の時期であったことになる。

憶測の域を出ないが、次のような推測が成立する可能性がある。つまり天平勝宝七歳(七五五)の畿内班田の「班田司」が、「歴名」のように「准判官」以下であったとすれば、それはルーティーンの班田業務遂行のためであった可能性である。一方、「大和国添下郡京北班田図」の宝亀五年(七七四)班田図に、高官である「長官佐伯宿禰《さえきのすくね》今毛人《いまえみし》」以下が名を連ねているのは、ルーティーンではない業務、つまり班田に加えて、条里プランの編成に関わった可能性を想定させる余地である。

（2）巡察使・校田駅使と条里プランの編成

校田については、先に讃岐国山田郡弘福寺田をめぐって検討したように、天平宝字五年（七六一）に讃岐国では「巡察（使）」によって校田が実施されていたことが確認され、それに続いて班田が実施されたことが推定される。

この「巡察（使）」とは、『続日本紀』天平宝字四年正月二一日条に記された「南海道巡察使」馬《うまの》史《ふひと》夷《ひな》（比奈）麻《ま》呂《ろ》であった可能性がきわめて高い。比奈麻呂は、甲斐守、典薬頭を歴任しており、この際の巡察使は「観二察民俗一、便即校レ田」と校田に関わったことも知られる。天平宝字四年校田、翌天平宝字五年班田、というのはこの時期の一般的校班田の年次であるが、讃岐国山田郡ではこの折、天平宝字五年にまだ校田が進行していたことになる。このように校田に足掛け二年を要していた理由は、この時期に条里プランが編成されたと考えられることと関わる、というのが先の推定であった。

越前国坂井郡高串村について取り上げた越前国司解には、天平宝字四年には「校田駅使」が活動していたこと、翌天平宝字五年が「班年」であったことも知られた。従ってこの場合は、校田に通常の一年であった。

これより一年前の天平宝字三年の開田地図が残る同国足羽郡糞置村の検討から、天平勝宝七歳（七五五）には条里プランが完成していたと推定したので、天平宝字四年の「校田駅使」とは、天平勝宝七歳の班年の、次の校班田時に相当することになる。つまり越前国では、天平宝字四年は条里プランがすでに完成していた後の校年であったことになる。ただし校田駅使が、越前国のみならず、南海道巡察使のように広域を対象として設定されていた可能性がある。

このような巡察使や校田駅使の場合、南海道のような道を対象としていたとすれば、天平勝宝七歳の畿内班田司が基本的に国を単位としていたのとは異なる。畿内のみが国単位での役職であったのか、また校田と異なって班田使が国単位であったのかどうかについては、別途検討を必要とすることになろう。すでに述べたように、京北三条班田図および京北四条班田図の記載からは、班田司長官の任命が国単位であった可能性があるので速断はできない。

この京北四条班田図の記載から、大和国では宝亀三年の校田、宝亀五年の班田図の存在が知られることもすでに述べた。校田から班田に足掛け二年を要していたという状況からして、この折に条里プランの編成ないし再編が進んだ可能性を推定した。従って天平勝宝七歳の畿内班田が条里プランの編成年ではなかった可能性を考慮すべきかもしれない。

以上の状況からすれば、今のところ、校田の際における条里プランの編成が推定されるのは讃岐国であり、阿波国でも同様であった可能性があるが、それ以外の場合は不明である。

いずれにしても四証図の存在や、越前国における天平宝字五年班田図の検討事例から見られるように、後における確認対象は班田図であり、校田図ではなかった。つまり正式な条里プランの完成は班田図の作製を以て確定したと考えるべきであろう。小著ではそれを条里プランの完成と表現してきた。

3　条里プランの完成時期

(1)　条里プランの編成と完成

越前国・越中国ではいずれも、天平勝宝七歳（七五五）に条里プランが完成した可能性が高いとの考えに達したが、いずれの国でも地元豪族や国司層、有力中央官人などによる大規模墾田が形成され、さらに大規模な東大寺領が形成されていた時期であった。繰り返しになるが、墾田永年私財法（天平一五年（七四三））と大寺院の墾田所有枠の設定（天平勝宝元年（七四九））がこれらの墾田の出発点であるから、これらの墾田の所在地の確定、さらにその記録と確認の必要性の著しい増大が、条里プラン完成の背後の要因であった可能性は極めて高いといえよう。

これらの墾田には、国司の認可が必要であったことはもちろん、とりわけ東大寺領については、国司・郡司の行政機構が大きくかかわっていたことは先に述べた。墾田には国司の認可が必要であったことからすれば、認可をした墾田の記録やその確認も必要となり、それが条里プラン完成への、必要性の急激な高まりとなった可能性は高かったと思われる。

条里プランの完成に至った時期を、先に弘福寺領、次いで東大寺領の荘園を中心に検討した結果、近江国では天平二〇年（七四八）、越前国・越中国では天平勝宝七歳（七五五）、摂津国では天平宝字五年（七六一）、阿波国では天平宝字六年の班年、と推定した。ほかに山城国では天平一四年（七四二）、伊賀国では天平二〇年、讃岐国では天平宝字六年の班年と、すでに推定していた。大和国では、天平神護元年（七六七）に見られる条里呼称は特殊な様式であり、宝亀八年（七七七）に完成した形の表現が見られる。後世に広く展開した条里プランの完成を、この間の班年とすれば、大和国では宝亀五年（七七四）となる。

これらの班年を条里プラン完成年と推定して、その年次を単純に整理すれば次のようになる。編成が校田の際とすればこれらの一年ないし二年前に具体的編成作業が進行したことになる。具体的に校田使ないし校田業務を担う巡察使などの存在が知られるのは、越前国、阿波・讃岐国、大和国であり、いずれも班年ないし班田図記載年の二年ほど前である。

山城国―天平一四年（七四二）
伊賀国・近江国―天平二〇年（七四八）
越前国・越中国―天平勝宝七歳（七五五）――校田：天平勝宝五年
摂津国―天平宝字五年（七六一）
阿波国・讃岐国―天平宝字六年（七六二）――校田：天平宝字四・五年
大和国―宝亀五年（七七四）――校田：宝亀三年

このうちの山城国と讃岐国は弘福寺領による検討であり、近江国・越前国・越中国・摂津国は、東大寺領による検討であった。また山城国の弘福寺領の条里呼称（七四二年）を特殊なものとみて、さらに大和国の七六七年における特殊な様式の表記例を考慮するとすれば、畿内のこの二ヵ国の例は条里プラン完成途上における、やや特殊な、試行段階とでも位置付けることができる条里プランの例であった可能性がある。とくに大和国の宝亀五年（七七四）とは、試行的なものを再編して、体系的な条里プランとして完成した年とみられる可能性が高い。

（2）条里プラン完成年の類型と墾田

先の整理と限定を踏まえたうえで、条里プランの完成年次の一覧を時期に注目して見ると、次の傾向を確認することができる。

（1）国によって条里プランの完成年が異なることが、改めて知られる。
（2）越前国と越中国が、伊賀国と近江国の七年後である。
（3）阿波国と讃岐国は、越前国と越中国のさらに七年後である。
（4）阿波国と讃岐国は、摂津国の一年後の時期である。

右のような越前国、越中国、阿波国、讃岐国と、先の一覧に掲げた大和国は、校班田に律令の規定より一年分余分に期間を必要としたことを反映している。そのことは、条里プランの編成に通常の校田より長い期間を要したことを示すものである。摂津国では、時期は遅い方の部類であるが、その作業期間をそれほどには必要としなかったことになる。

この一覧を地域的にみると、次のようになる。

（ア）畿内国では最も早い例（山城国）と最も遅い例（大和国）があり、その中間（摂津国）例もあって、時期のばらつきが大きい。ただし、前述したような試行段階の条里プランの存在、あるいはそれらの再編などの過程を反映している可能性についての検討も必要である。

（イ）畿内に近い近国の伊賀国・近江国が早く、畿内からやや遠い中国の越前国・越中国がこれに次ぐ。

（ウ）南海道の阿波国・讃岐国も中国であるが、北陸道諸国より遅れる。

（ア）の畿内国を別とすれば、（イ）（ウ）の過程には開発状況が関連する可能性がある。とすれば東大寺領の存在とも関わる。しかし、園宅地である畠を中心とし、耕地以外の荘所や港湾といった機能を強く有した摂津国水無瀬荘と阿波国大豆処、さらにはやはり畠と三宅のある讃岐国山田弘興福寺領を、単純にほかの墾田と同一視するべきではないであろう。

やはり、地元豪族による開拓が進行するとともに、一挙に東大寺の寺領占定が行われ、一斉に活発な墾田形成が進行し、それが条里プランの編成の必要性に結びついた可能性の高い、越前国と越中国に注目すべきであろう。この文脈で考えると、類似の状況が進行し、その必要性が高まった時期が、「近国」の伊賀国と近江国では「中国」の越前国と越中国より、少し早かったと考えられることになる。

開拓状況一般から見てこの状況であるが、加えて国司・郡司が官衙の機能を挙げて対応をした東大寺領が、その必要性を著しく増大させたとみられることも指摘が可能であろう。

五　尾張国の条里プラン

1　条里プランの展開

（1）　尾張国の班田図

尾張国には、一町方格や条里呼称によって班田収授の結果を示した地図、つまり条里プランを表現した「班田図」が存在したことを示す史料がある。

そのうちでもっとも早い時期の史料は、天長二年（八二五）に、川原寺が寺田の調査をした記録である。川原寺とは、すでに山城国や讃岐国の寺田について触れた大和国の古刹、弘福寺《ぐふくじ》のことである。この「尾張国検川原寺田帳」によれば、寺田についてそれぞれ班田図と照合したことが知られる。一部分を例に挙げると、次のように記載されている。

中島郡

一条勾金里廿九、卅、卅一坪、

建部里五坪、六門田、

已上五坪、天平十四年、勝宝七歳、宝亀四年無図、延暦五年、十九年、弘仁十二年図

並川原寺田

つまり、ここでいう「図」とは、すでに述べたように班田図にほかならない。ここに記された各年次は、班田図が作製された通常の班年とも合致する。この史料は、「勾金里」と「建部里」の五ヵ坪の寺田について、天平一四年、天平勝宝七歳、宝亀四年の班田図と照合したところ寺田の記載がなく、同じように延暦五年、延暦一九年、弘仁一二年の班田図と照合したところ、川原寺田と記載されていた、と記していることになる。

これらの班田図のうち、天平一四年、天平勝宝七歳、宝亀四年、延暦五年の四ヵ年のものは「四証図」として、このような照合の際にとくに重要視されていた班田図であったことはすでに述べた。

要するにこの文書では、天平一四年（七四二）、天平勝宝七歳（七五五）、宝亀四年（七七三）、延暦五年（七八六）、同一九年（八〇〇）、弘仁一二年（八一一）などの「図」と照合したことが知られるので、班田図に川原寺田が記載されていたかどうかは別として、ここに記載された年次の班田図があったことを示していることになる。この史料から尾張国には、四証図筆頭の天平一四年班田図があったことも知られる。

天平一四年に班田図が作製されていたことからすれば、山城（背）国で推定される班田図の存在と同年になる。尾張国も山城国と同じように、最も早く班田図が作製された国の一つであったことになろう。

ところで班田図は、基本的に各郡の条ごとに一巻の形で作製されたことが知られているので、尾張国の班田図も膨大な巻数に達していたものであろうことが予測される。ただし田図と称されるものについては、班田結果を示す班田図とは別に、その前提の校田結果を示す校田図が存在したであろうこともすでに述べたが、班田結果を示す班田図が確認対象であったことも知られる。

班田図には、臨時に任命された班田使が統括して署名し、それが国府に保管されたとみられる。ここで検討している「尾張国検川原寺田帳」には、末尾に「守《かみ》、権掾《ごんのじょう》」といった国司が署名し、また全面に多数の尾張国印が押されている。このことからも、国府において署名・押印されたと考えられるので、同時に国府に班田図が保管されていたことも知られることになる。実際に多数の巻を保管し、国司の交代とともに引き継いだことは、先に上野国の例で説明した。

これら国府所管の田図が、後に「国図」と総称され、国司による許認可の根拠となることになる公的資料であった。

ただし、班田図は少なくとも二部作製されたとみられ、一部はそのほかの公的文書と一緒に、国司が朝集使として都へ届ける文書群に含まれていたと思われる。これは太政官の民部省に保管されたと考えられ、後に「民部省図」として史料に見えるものがこの系譜のものと考えられている。

律令の規定では、大宝令の田令に規定されていたように、班田収授の結果の記録はもともと面積と四至だけであった。ところがいったん条里プランが完成すると、それが土地管理全般に適用され、土地管理は次第に精緻になって行ったとみられる。

(2) 条里プラン導入と行政手続きの変更

この状況は、別に規定されていた「青苗簿帳」と称される、戸主ごとの田の管理状況を記録する帳簿について、とりわけ明確に表れている。

「青苗簿帳」については、『類聚三代格《るいじゅうさんだいきゃく》』巻一二収載の太政官符によれば、承和九年(八四二)に改訂されたことが知られる。それには、青苗簿の造進が養老元年(七一七)の格に定められていたものの、「今諸国、彼の簿を造らず」という状況になっていた。そこで承和九年に、「様式一巻を副えて」改めて造進を命じたものであった。この年改定された様式は一〇世紀前半に選上された『延喜式』主税下に掲載されているが、それは次のように、条里呼称によって所在地を表記する内容であった。

某郷戸主姓名戸田若干
　売口分田若干
　　某里某坪
　　　買人姓名

つまり、「某里某坪」と条里呼称によって所在地の表現をするように定められていることになる。坪という用語自体がほぼ九世紀以後に使用されたものであることや、九世紀中ころという改定の時期から見ても必然的であろう。完成した条里プランは、土地行政の実務において効果的に利用されたとみられる。

これが「様式一巻を副えて」つまり新しい様式による行政手続きであるから、八世紀に規定されたもともとの青苗簿とは異なっていたことになる。とすれば八世紀のそれは、すでに紹介した田令における班田結果の記録の規定のように、面積と四至による表現が基本であったことは間違いないであろう。九世紀の改定では、このように明確に条里プランを適用したことが知られるので、各種の権利を有する田の所在地の管理と、必要時における記録との照合が、条里プランの適用によって一層明確になったと考えられる。

2 尾張の条里研究史

(1) 水野時二による研究

尾張の条里プランについては、水野時二の研究成果が最も体系的なものであった。昭和三四年(一九五九)ごろから、尾張における条里研究の成果を出版し始めていた水野時二は、昭和四六年に至って、長年の研究成果を集成して刊行した。『条里制の歴史地理学的研究』と題する、八五〇頁の大著であった。ただし水野の研究の時代を反映し、本書でいうような「条里制」の概念を継承していることは当然であるが、その調査成果の地図には、本書でも改めて定義した「条里プラン」の復原結果を含めて表現されていた。

水野の著書は、当時における条里の一般的理解を整理するとともに、尾張、越前等の調査結果を踏まえて、条里の設定原理や土木的構造及び土工量についての考察が加えられていた。加えて、尾張平野部における条里地割分布の状況が、原則として郡ごとに、旧版二万分の一地形図上に図示されているのが大きな特徴であった。

旧版二万分の一地形図とは、尾張の場合、近畿地方の仮製地形図に続いて明治二〇年代前半から作製されたものであった。現在の地形図とは測量と製図方法が異なって、三角点網は十分に整備されていなかったが主要地点は測量され、その測量に加えて測量官の現地観察の結果による表現が大きな要素を占めていた。したがって、地形や川、道などのパターンの特徴が観察によってよく表現されていたが、時に測量官の監察結果が非常に強調されているとみられる場合もあったのが特徴であった。尾張平野部の場合、方格状の道路網・水路網がきわめて強調されているとみられる状況であった。

(2) 海部郡の条里復原案

海部《あま》郡について水野は、旧七宝村の(大字)沖ノ島の地籍図から典型的な条里地割の存在を指摘し、さらに数字のみの小字地名、あるいは「数字+坪」のかたちの小字地名の分布によって、坪並の復原をした。

この調査によって坪並を、里の東北隅に始まり、南行して西に折れ、西北隅に至る千鳥式とした。また、旧版二万分の一地形図の上に、条里地割の分布図を作製し、北の郡界から一〇里分ほど(約六・五キロメートル)南までの間には、全体に広く連続的に条里地割が分布することを示した。今からすれば、先に述べたように、東西南北方向の道路パターンの存在を強調するかのようなこの地域の旧版二万分の一地形図の特徴が、水野による分布図におけるこのような表現にかかわっていた可能性がある。このような分布を基に水野は、郡の北辺を一条とする条里呼称を推定し、海部郡には一条から南へ一三条まであったと考えて条里プランを図示した。

さらに、円覚寺蔵「富田荘古図」と称される古地図の残る荘園についても、それまでの研究史を紹介しながら、現地比定を中心とした研究を加えた。この古地図は嘉暦二年（一三二七）のものなので、条里プランが完成した八世紀から見れば、ずいぶん遅い時期のものである。しかしこの古地図には方格の里が描かれていることから水野は、富田荘にかかわる付近一帯の条里地割の方格が東に五度ほど傾いた方位をとっていることも指摘している。

（3）　中島郡の条里復原案

海部郡の北側の中島郡については、天長二年（八二五）尾張国検川原寺田帳を取り上げて、海部郡と同じ坪並、また「一条勾金里、建部里と、二条草引里、酒墓里」が隣接する配置を推定している。さらに弘安五年（一二八二）の山城浄金剛院領田畠坪付注進状を取り上げて、その記載から、条が「南条」と「北条」に二分されていたことを紹介している。

この中島郡についても条里地割の二万分の一分布図を作製し、北の郡境から一条が始まり、南へ数え進んで二一条まで存在したと推定している。分布図では、条里地割分布が一宮の西側付近から南の旧国分村付近にかけて、広く展開している様子を示している。この図の中には、多くの固有名の里と郷の推定地をも示している。これらの比定地には、さらに検討が必要な例も含まれているが、主として地名の類似を根拠とした比定方法が基本となっている。川原寺領があった「一条勾金里、建部里」と、「二一条草引里、酒墓里」を、中島郡の北辺にあたる、木曽川河道変遷による国境変更以前と推定される、現在の木曽川西岸に比定しているのが目につく。この図ではまた、松下地区や下津地区に想定される国府の近くから、その北側が北条、南側が南条とされている。松下地区から西側では一二条・一三条の境界線が、東側では一三条・一四条境界線や一六条・一七条境界線に屈曲して続く線がその境界と考えられている。

（4） 丹羽郡・葉栗郡の条里復原案

中島郡一宮の東付近から北東に広がる丹羽郡についても、天長二年（八二五）尾張国検川原寺田帳に、丹羽郡十六条道辺里、十七条桑原里について、川原寺領の記載がある。また、弘安五年（一二八二）の山城浄金剛院領田畠坪付注進状にも記載があって、この資料では「東条」と「西条」に分かれていたことが知られる。水野はやはり旧版二万分の一の地形図上に条里地割分布を示し、条里呼称の復原案を示している。条里地割分布が、犬山の東南部一帯と、岩倉付近一帯に広がっている状況を示して、条は北の木曽川沿岸に一条が始まり、南へ数え進んで、岩倉南部の二一条に及んでいたと推定している。丹羽郡の北端が木曽川であること、同郡の弘福寺領が一六条・一七条であったことから、おそらくこの推定は全体としては正しいと思われるが、依然として数値の不明な固有里の位置には不明点が多いとみられることは共通する。その中で、岩倉西南の小字地名「馬伏」を弘安五年の坪付に見える「馬伏里」に比定するのは、地名を根拠とする限り、説得力のある推定であろうとおもわれる。また、同坪付にある「佐野里」を岩倉西北の旧青木村佐野に比定するのも同じ方法であるが、その結果として、佐野里までを東条として、水野は西条をきわめて狭い範囲と想定している。

尾張国北部の葉栗郡については、旧佐千原村、旧黒田村、木曽川北岸の旧伏田村・徳田村間にまとまった条里地割の分布を図示しているが、同時に史料が乏しいことも述べている。わずかに、応長二年（一三一二）の尼尊如田畠寄進状や元応二年の中島承念譲状案に「宮田里」の名称が見え、それを木曽川南岸の旧宮田村に比定しているが、根拠は明確ではない。

（5）南部四郡の条里復原案

丹羽郡東南の春部郡については、水野は「東春日井郡・西春日井郡」として項目を立て、醍醐寺領安食《あじき》荘を中心に記述している。条里地割分布は、旧西春日井郡の五条川南岸一帯と、東春日井郡の庄内川の中流域北岸にまとまって分布し、そのほかはきわめて断片的だとしている。条里復原図では結果的に、前記の五条川南岸付近を春日部郡一一条とし、南へ二〇条まであったと推定している。康治二年（一一四三）の安食荘立券文では、同荘の所在地の固有名の里に、その多くを一六条から一九条に属したものとして記載しているので、この条の推定は基本的に合意できるものとなっている。安食荘について水野は、里ごとの土地利用を反映した地目を図示した上で、現地に適合すると思われる位置にそれぞれの里を比定していく方法を採用している。この考察方法は基本的に丁寧であるし、基本的に有効な方法の一つだと考えられる。しかしこの際、それぞれの里が所属する条の中での、立券文における里の記載順に考慮が払われていないのが問題であり、この点が疑問を残しているところである。

春部郡の南の山田郡については、独立した項目は立てられていないが、春部郡二〇条に続いて南へ山田郡一条—三条が推定されている。また、康治二年（一一四三）太政官牒案には、山田郡に「曽根里」があったと記載していることも指摘している。

さらに南の愛知郡については、名古屋市熱田東部に条里地割の分布が多いことを示し、「日本車両KKの北約2町に1の坪があった」として、これを一坪とする里界の復原案を示している。愛知郡についても、すでに述べた弘安五年（一二八二）の坪付における里の記載があり、そのなかに「東条」「西条」の記載があることにも言及している。

尾張国南端の知多半島を占めた知多郡については、大野谷（西に四〇度傾いた方格）、阿久比川流域（西に一八度傾いた方格）、内海（西に三度傾いた方格）など小規模な谷ごとに様々な方位の「方格地割」が分布することを述べている。水野はここでは条里地割という語を避けていることになるが、水野のいう方格地割とは、条里地割的な地割、ないし条里地割に類似した地割を意味しているものと思われる。

（6） 水野による指摘とその問題点

このような一連の検討を経て、「尾張条里」について次のようにまとめている。まず「条里呼称法の特色」について、「尾張における条里の呼称は、数詞の条と、固有名詞の里からなる」としている。これは、史料解釈として問題がないところであり、基本的に水野の指摘に従うことができる。また、郡毎の考察において、いずれも北から南へ数え進む条、ならびに各里において、里内の北東隅から始まって南行する千鳥式の坪並が復原されている。この坪並みの復原についても、水野は資料を広く検討し、現地の地名並びに地割分布の調査結果を踏まえている。したがってこの考察方法は、基本的に現在も使用されている方法であるので、検討の過程には問題がないと思われる。

地割形態については、条里地割以前の地割形態との関係について、「究明することは現在のところ困難な問題である」とのきわめて合理的な姿勢を表明している。ただし、「方位と土工技術」については項を立てて「試論」を展開している。そこで「異方位」の条里地割が隣接して存在した場合は、「それがいかなる地理的条件で成立したか、また、歴史的条件はいかんといったところが重要になる」といった、きわめて妥当な研究姿勢を表明している。さらにここでは、方位の測定についての「原点」と「星の宮」についての推論も述べられているが、地名に過大な意義を想定していることになり、また慣行についても水野流の解釈の域に留まっているといわざるを得ない記述が多い。土工技術についても同様の面が多い。

「尺度と田積」についても項が立てられている。そこでは改めて旧七宝村字廿五、旧稲置村字梅坪、六反田、守蓮池、蝶ヶ坪、等について、長さと面積が計測されている。これらの計測結果から、水野は「尾張における条里の坪の長さは曲尺で三五一尺、田積で一町一反四畝余が適当である」としている。単純に換算すると、一辺一〇六・四メートル、面積約一・一四ヘクタールであったとしていることになる。この数値は、標準と考えられている、一辺一〇九メートル、面積一・二ヘクタールに比べて少し小さな数値であり、貴重なデータである。ただし、地表における一部の地割のこのような数値をもって、律令期の条里地割の規模に直結した議論を展開するには問題が残るといわざるを得ない。

水野の成果とりわけ条里地割分布図の作製は、間違いなく労多い作業結果であり、きわめて重要な成果であった。ただし、一部には詳細な分析もあるが、全体としてみれば、調査の精度に問題が残されている。研究時点の調査法の制約でもあろうが、それが最大の問題点と言わざるを得ない。地籍図などによって例示された部分については説得力があるものの詳細な精度の分析には耐えず、郡毎に旧版二万分の一地形図を基図として示された分布図にも、旧版二万分の一地形図自体に前述のような問題点があり、再確認の必要があると思われる。小字地名を含む地名もまた、現在でも確認は極めて困難であるが、場所や表現に一切の変動がないものとして固定的に考えられているように思われるところが問題である。

史料についても、当時の研究段階ではやむを得ない面があるが、若干の誤解が含まれている。例えば、すでに概要を紹介した、天長二年（八二五）「尾張国検川原寺田帳」に記されたいくつもの年次の「田図」についての検討の中で、「無図」という表現を、水野は「田図」がないと理解していることである。すでに具体的な作業経過として述べたように、現在では当該の坪の寺田について記載された年次の「田図」と照合したところ、その「田図」に当該坪の寺田の記載がなかった、という意味だとみるべきことがわかっている。

史料の取り扱いについての最も大きな問題は、史料の作成された時期がほとんど考慮されていない点にある。初期の条里研究では、条里を記載した史料の探索を目的としていることが多く、このように資料の作成年代を意識しない取り扱いがきわめて多かった、というのが実態であったことは間違いない。本書でいう条里プランについてはもちろん、旧来の条里制の概念の下でも、それらが古代以来不変のものと考えられていた。そのため、史料に条里的な表現があれば、それを等しく条里プランに直結して考える傾向があった。しかし現在では、条里プランの機能や表現に、時期によって違いがあることが知られている。この点については後に改めて述べることにするが、水野説ではすでに紹介したように、八・九世紀の史料も、一二―一四世紀の史料も等しく同じ条里を表現しているとみなされているのである。この間の変化はまったく予測されていないことになり、この点についても再検討が必要である。

水野の史料の扱いについては、このほかにも気になる点がある。それはすでに指摘したように、史料中に記された固有名詞の里名の配置の現地比定に、史料における記載順がほとんど考慮されていないことである。これは春部郡の安食荘の条里プランの復原方法について特に顕著である。この点についても改めて検討が必要になると思われる。
尾張国の条里プランについて、まず史料に表現された条里呼称法について再検討を進めてみたい。

3 条里プランの機能変遷

(1) 尾張国の条里呼称法

延暦二〇年(八〇二)の「多度《たど》神宮寺伽藍縁起資財帳」には、尾張国の「墾田幷田代」三五町八段四〇歩の内訳に「海部郡十三条馬背里」一町三段と「田代葦原」三四町五段四〇歩が書き挙げられている。現在知られている中では、これは尾張国内での具体的な条里呼称が記された最も早い時期の史料である。この資財帳によれば、鈴鹿山麓の多度神宮寺は、尾張南部の海部郡に一町三段の「墾田」と三〇町以上の「田代」を領有していたことが知られる。田代とは開発予定地と考えられている。その田代が領有地のほとんどを占めていたこと、それが葦原であったことも同時に知られることになる。さらに海部郡の条里呼称法が、条は数詞で数え、里はこの例のように「馬背里」のような固有名で呼んだことも知られる。

三〇町以上もの葦原とは広大で低湿な地域であったことを示すので、伊勢湾沿岸の海部郡の中でも沿岸よりの地域であったと推定すると理解しやすいことになろう。このように仮定すると、北から南へと条を数え進んで沿岸に近い一三条に至ったものである可能性が高いことになる。とすれば固有名の里が東西方向に並び、帯状の条を構成していたことになる。このように考えると、先に紹介した水野による復原案と基本的に同じ考え方となる。ただし、「馬背里」が具体的にどこであったかは不明のままである。

さてこれより少し後、弘仁一一年（八二〇）「大和国川原寺牒《ちょう》」には、次のような寺田の所在が記されている。

中島郡

四条石門里三一、三二、三三坪、

大口里四、五、九、一七、一八坪、

この条と里の呼称法の表現様式は、前述の海部郡の場合と同様である。多くの国の場合、条里呼称の様式は国内の各郡に共通なので、尾張国の場合もこの例に属する可能性があることになろう。そうすれば、石門里と大口里がともに四条であるから、両里が東西に並んでいたことになる。おなじ寺の領地なので、両里が隣接していた可能性が高いと考えられる。さらに、列挙された寺領の八ヵ所の所在坪が最も集中して存在していたと仮定するのが妥当だと推定されるので、そうすれば、里の北東隅から一ノ坪が始まり、南へ六ノ坪まで数え進み、西へ折り返して数え進む連続式（千鳥式）の坪並みであった可能性が高いことになる。この推定によれば、川原寺の中島郡四条の田は図24上のように所在したと復原されることになる。

先に紹介したように寺領と班田図との照合を記録した、天長二年（八二五）「尾張国検川原寺田

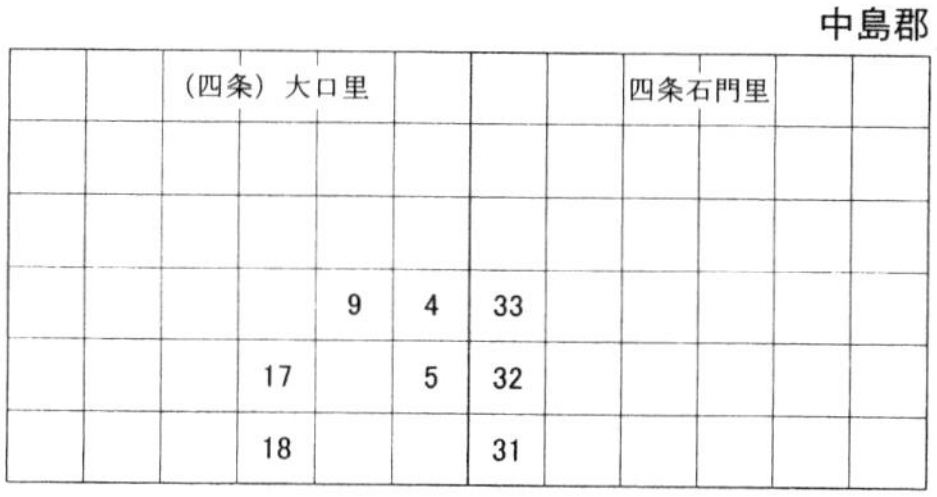

弘仁11年川原寺牒記載坪の推定

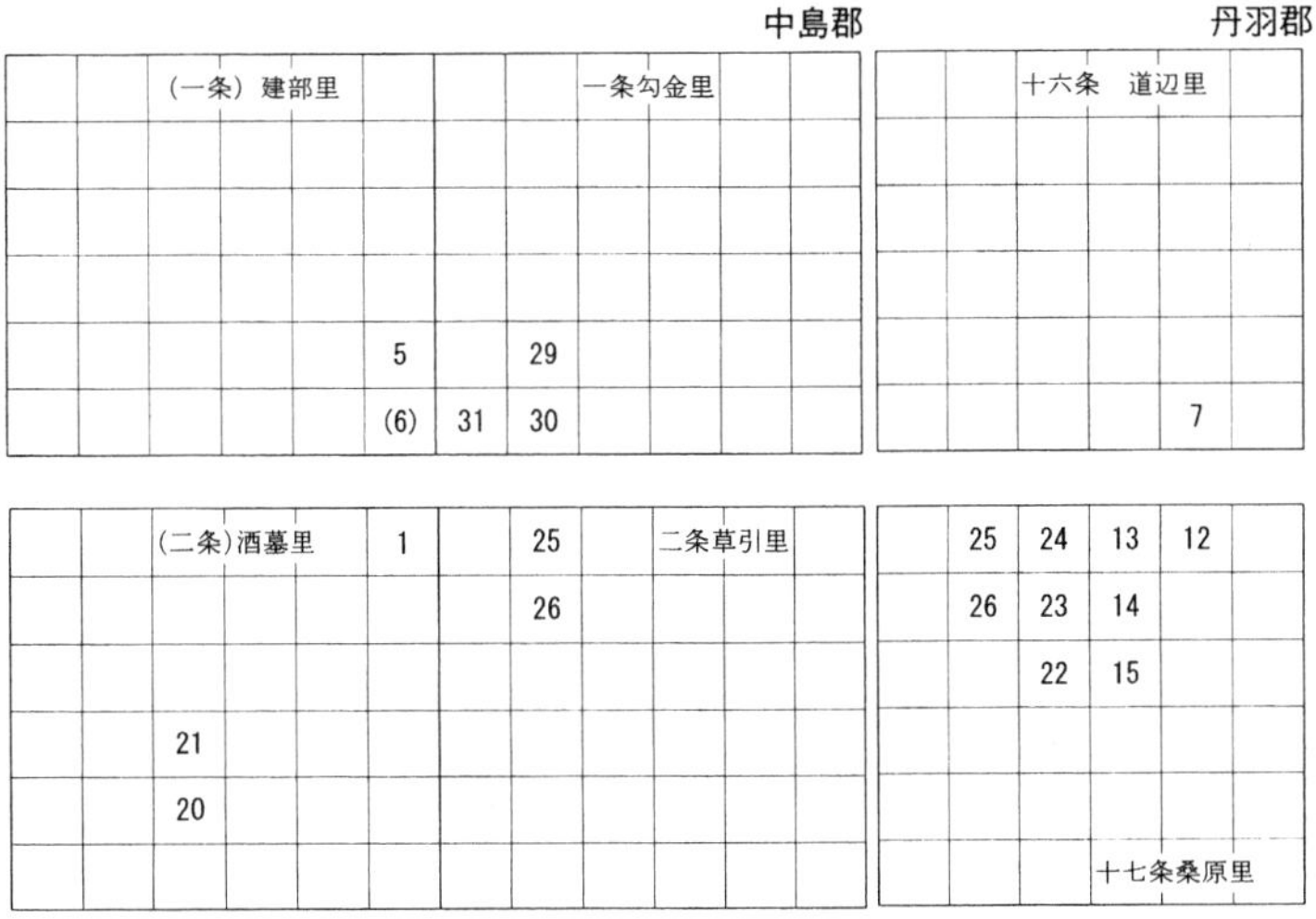

（　）は疑問が残る記載

天長２年川原寺の所在坪の推定

図24　川原寺田所在坪の推定

帳」でも中島郡の寺田が条里呼称によって記載され、さらに丹羽郡の寺田をも次にように書き挙げている。ただし、次の（　）内は、照合したことを記した記録中に記載された坪である。

中島郡

一条勾金里二九、三〇、三一坪、

建部里五坪、六門田、

二条草引里二五、二六坪、（二三、二四坪）

酒墓里一、二〇、二一坪（三六、一六、一七坪）

丹羽郡

十六条道辺里七坪、

十七条桑原里一二、一三、一四、一五、二二、二三、二四、二五、二六坪

このうち建部里の「六門田」の表現は疑問が残るが、五坪の次の記載であり、六坪の位置を表現し、そこが「門田」とも呼ばれていた可能性が高いと思われる。この場合にも同じ仮定を設定すると、図24下のように、先の推定と同じ方式の里の東西配置と、おなじ方式の坪並みが最も適当であることが知られることになる。

つまり尾張国の条里呼称法はまず、他の国々と同様に、各郡が同じ様式であった可能性が高く、条を郡の北から南へと数え進み、各条を構成する里にはそれぞれ固有名が付されていたと考えられる。同じ条の中で、里は東から西へと記載されている。里内の坪並みは、北東隅に始まって南行する千鳥

式であり、北西隅が三六坪となる様式であったことになる。このような条里呼称法によって土地の所在を表現し、土地管理をするのが尾張国の当時の土地管理制度であった。

これに相当した土地区画が、道や畔《あぜ》などによって実際に作られていたかどうかは別として、現実にそれがあるかのように、少なくとも文書や地図上でこの土地管理制度が運用されていたと考えられることになろう。本書の定義では、この全体を条里プランと呼ぶことになる。この条と里の様式や千鳥式の坪並みは、水野時二の復原案と同じである。ただし、固有名の里がどこだったのかは不明のままである。実は史料からは、条についても北から南へ数えたこと以外は知ることができない。

いずれにしても、尾張については条里呼称法を復原するよりどころとなる史料は多い。しかしすでに述べたように、それぞれの史料が示す年次は大きく異なる。また条里プランそのものも時代によって果たした機能に変遷がみられるのである。

（2）律令の条里プラン

尾張国における天平一四年（七四二）の班田図に表現されていた条里プランは、その年に完成していたと考えられるが、これは山城国と同様にもっとも早い例である。班田図が存在した以上、条里プランがなければ班田結果が標記できないと考えてよいからである。完成した条里プランは、ここで概観してきた史料に示されるように、尾張国では少なくても、延暦二〇年（八〇一）、弘仁一一年（八二〇）、天長二年（八二五）班田図にも使用されていたことになる。先に紹介したように、承和九年（八四二）に様式が改訂された『青苗簿帳』でも条里呼称による表記が指示されているので、班田図以外にも、完成した条里プランはさまざまな公的利用に供されていたことが知られる。『青苗簿帳』の土地表示様式変更はむしろ、土地管理政策が一層精緻化し、その過程に条里プランが大きな役割を果たすようになったことを示していると考えられる。

条里プランは、これらの史料に見られるように、面積一町の方格となる坪を単位として、口分田・墾田など各種の田の記録や、それらの過去の記録との照合、それによるほかの土地との峻別、さらには墾田・寺田などとしての許認可など、多様で具体的な土地管理の手段として使用されていた。班田図の図中の当該箇所に標記されるとともに、班田図とともに作成された田籍にも条里呼称によって記載されたと考えられる。これらの手続きにおいては、いくつかの史料に記載されているように、条里呼称で文書に表記される坪の単位、つまり一町方格が重要であり、これが条里地割の最も基本的な属性であったことになる。

八世紀に数多く作製され、現在でも正倉院に残っている東大寺の荘園図については、すでに取り上げてきた。これらには、当時の土地管理法を反映して、すべての土地が坪（当時は坊）の一町方格を単位として標記されていることを確認してきた。東大寺をはじめとする同一所有者の寺田・墾田はもとより、一連の屋敷地であっても、複数の区画にわたる場合、いくつかの一町方格に分割されて位置と面積が標記されているのが普通であった。

このような、律令の制度下における土地管理の手段として使用された条里プランを、ここでは「律令の条里プラン」と呼んでおくことにしたい。

一町方格の坪の区画は、尾張国における千鳥式坪並みのように、定められた坪並で里の中の位置が表現されていたが、坪の中では当該の田の面積だけを記載するのが普通であった。先に挙げた川原寺田の例では、例えば「(中島郡)四条大口里十七坪一段三百廿歩」といった様式による表現である。山背国久世郡弘福寺領のように、「北」とか「南」といった方位によって坪の中の位置を示した例もあるが、多くの場合、坪の中の位置は記さないのが普通であった。その理由は、坪内部が規則的な一筆の土地区画でなければ表現が困難であったことが最大のものであろう。この例でも端数のある面積が多かったので、文字での位置表現は簡単ではないのが実態であった。しかも八世紀の田の地筆面積にこのような端数のあることが、きわめて多かったことは既に述べたところである。

ただし、大和国などでは一二世紀ごろから、例えば「〇〇坪一段　北畔元(〇〇坪の北の境界に接する地筆)」などと坪内の位置を表現する例が増えてきたことが知られている。大和国などでは当時の土地管理が、坪の区画である一町だけでなく、その内部の一段もまた基本的な単位としていたこととかかわるとみられる。このことが同時に、一段を単位とする規則的な形状の一筆区画が増えたことを反映している、とみられることにもなる。尾張国の場合はどうかというのは不明であるが、先に紹介した水野は、犬山市東部における条里地割分布の多いところには、長地型の地割が多いことを報告している。

この時期、つまり八世紀以来の律令下の土地政策が変化し、班田収授も実施されなくなった一〇世紀ころから、荘園による土地管理が趨勢となる一二世紀ごろにかけての土地管理の状況を、次に概観してみたい。

（3） 国図の条里プラン

平安時代後半ごろの荘園には、国家の認可を受けたものと、各国の国司の認可を受けたものとがあったことが知られている。国家の認可を受けていた場合は官省符を交付されているのが典型であった。官省符とは、太政官の民部省などの認可の証である。国司の認可の場合は国免の荘と称され、国司の代かわり毎に許認可を受けることを必要とした。国免荘が国司の支配下にあったことは当然であるが、官省符荘の場合にも、国司は大きな役割を果たした。

とりわけ一〇世紀ごろから一二世紀にかけて、官省符を有している荘園の領主は、国司に対して官物免除の申請をする必要があった。官物免除とは本来国家に納めるべきものの納入を免除するということで、その分が荘園領主の収入になることになる。この免除の申請の際には、条里プランによって当該の免田の所在と面積を列挙した書類を提出する必要があった。それを受けた国司側は、国衙田所《こくがたどころ》と呼ばれる部署において国衙所管の書類と照合した。その時に参照されたのが、先に述べた班田図やその系譜を引く国衙所管の地図類で、単に「図」とか「図帳」とか呼ばれていたことが知られている。この手続きにおいて、条里プランの坪ごとに管理書類と照合して、田所が確認すれば照合の朱筆（丹勘）を入れた。その手続きを終えたうえで国司が免除の国判を与えるのが典型的な形であった。この手続きにおいて基準となる「図」は「国図」とも呼ばれ、今日でいえば、所有権登記の記録である法務省地方法務局の地籍図や、自治体の課税台帳の付図である地籍図のように、非常に固定的な内容を記録したものであった。律令の条里プランにおける班田図が六年ごとに作製されたのとは違い、国司の土地管理の権限の基準となったもので「基準国図」と呼ばれることもある。

この時期には国司が交替するたびに、田についての調査を実施した結果を記した「検田帳」が作成されたことも知られている。つまり国司は、国免荘の許認可の権限のみでなく、官省符荘の免除の国判を与える権限、検田を実施する権限を有していたことになる。いずれの際にも基準となったのが国図であり、国司は律令国家が設定していた土地管理権のほとんどすべてを、国図を基準として行使できたことになる。その具体的手続きにおいては、条里プランによる土地表示が不可欠であり、国図との照合にも条里プランによる土地の表現が手掛かりであった。国司の検田についても、この点は同様であった。現地での確認が行われたかどうかは不明であるが、実際に行われた場合には、その基準となるような条里地割ないし、何らかの目標物が不可欠となったと思われる。とすればこの時期にも、条里プランに従った条里地割の形成が進んだ可能性があるとみられる。

(4) 醍醐寺領安食荘立券文と現地比定

尾張国にも、この手続きに関連すると思われる、康治二年(一一四三)の醍醐寺領安食荘立券文が残っている。同券文では、春日部郡安食郷内の安食荘の荘域を、条里プランによって詳細に記載している。同巻文には、荘園の土地が所在する里名と、里内の各坪の土地が、次のように逐一記載されている。

十六条馬賀里三六町（一―三六坪）、
十七条田村里三六町（一―三六坪）、
安萌里三六町（一―三六坪）、
町原里三六町（一―三六坪）、
十八条水別里三六町（一―三六坪）、
十八条迫田里三四町（一―五、八、九―三六坪）、
味鏡里三六町（一―三六坪）、
賀智里三六町（一―三六坪）、
石河里三六町（一―三六坪）、
馬屋里三二町（一―五、八―一八、二一―三六坪）、
頸成里三六町（一―三六坪）、
十九条美々里一七町（一〇―三六坪）、
鴇田里三六町（一―三六坪）、
続榛里一七町（一―一七、二〇、二二―三六坪）、
（二十条）揚里八町（一三、二四―二七、三四―三六坪）、

米里一一町（一—三、一〇—一四、二四—二六坪）、

安井里　（一坪）、

当麻里五町（一、一二、一三、二三、二五坪）、

安食里三町（一三、一四、二四坪）、

原山五箇里（一〇八町）、

東如意五箇里（一八〇町）、比目里、馬津里、酒見里、六師里、大針里、

西如意二箇里（七二町）、白鳥里、弓弦里、

これらの安食荘の田畠が分布する里のうち、一六—一九条の計一〇ヵ里では、荒地や川を含んでいるものの、里の全域（一—三六坪）が荘域に含まれている。それ以外は里の一部だけが安食荘に属するが、ほかの郡と同じように、北東隅から南行する千鳥式の坪並みによってまとまりの良い田畠の分布となる。従って春日部郡の坪並みも同様であった可能性が高いことになる。

先に紹介した水野の推定のように、北から南へ条を数え進んだと考えられる。ただし各条では水野の推定とは異なり、その条に属する里が、この立券文に記載された順に、東から西へと並んでいたと考えるべきであろう。各里の中では、北東隅から南行する千鳥式の坪並みであったと考えられる。この坪並みによって、安食荘の田畠や荒地、川などの所在状況を推定することができる。しかもこの推定によって、田畠が分布した可能性のある平野や、河道の状況と一応の対応状況が説明可能となる。つまり、地形条件と合致することを確認することができることになる。この推定を図示すれば、図25

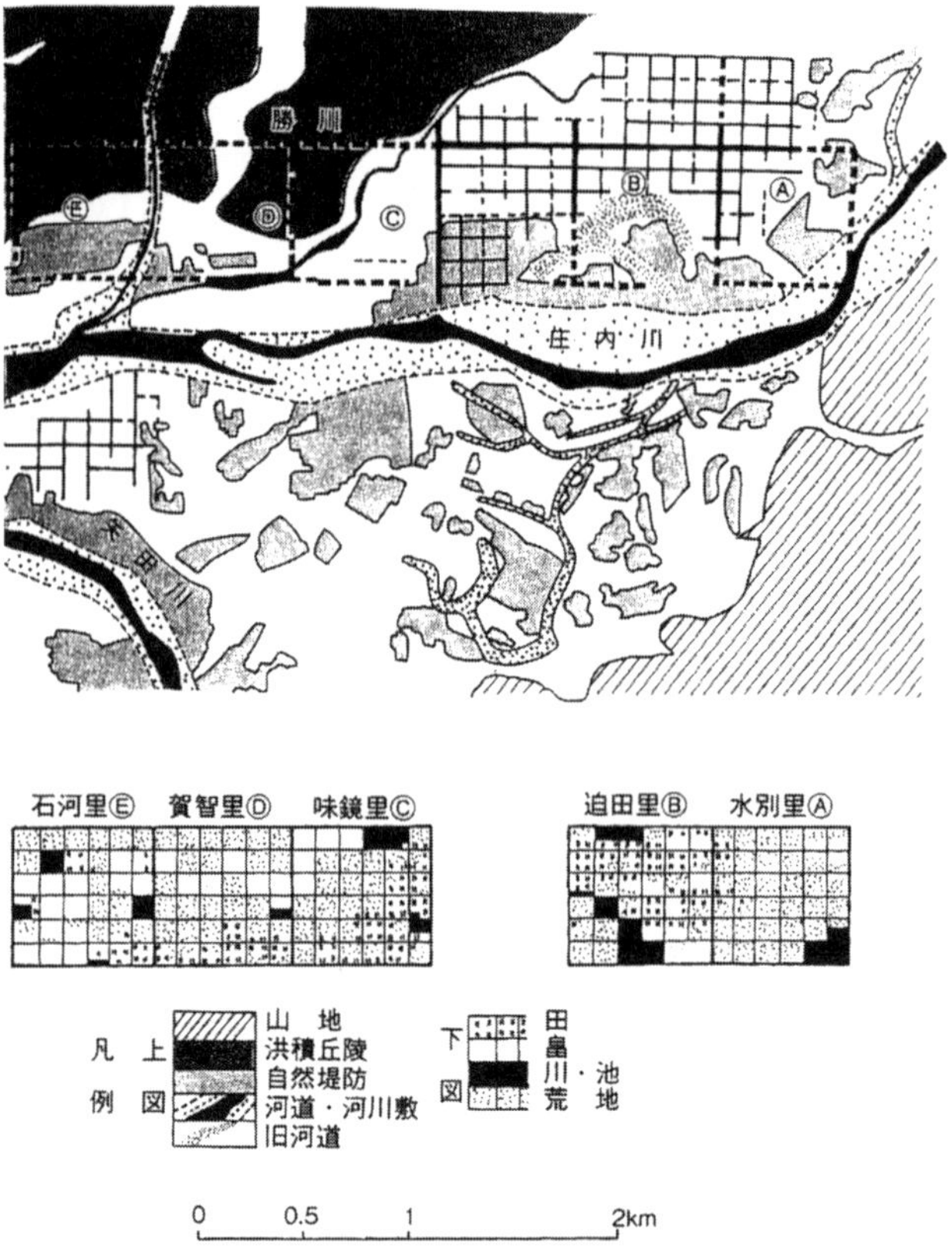

微形地は国土地理院2万5千分の1土地条件図による。

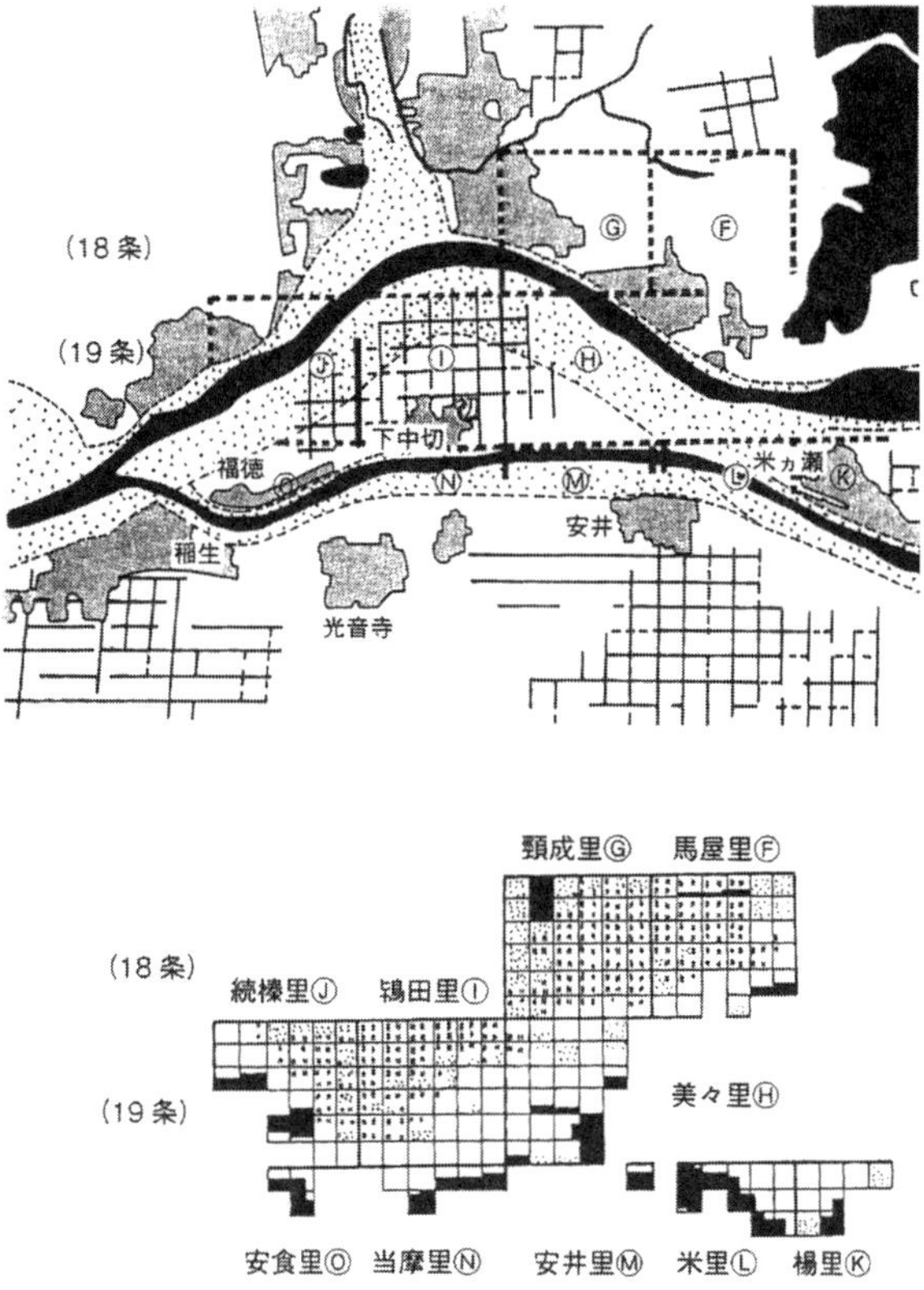
(18条)
(19条)
Ⓖ
Ⓕ
Ⓗ
Ⓘ
Ⓙ
下中切
福徳
Ⓞ
Ⓝ
Ⓜ
米ヵ瀬
Ⓛ
Ⓚ
安井
稲生
光音寺
頸成里Ⓖ
馬屋里Ⓕ
(18条)
続榛里Ⓙ
鵄田里Ⓘ
美々里Ⓗ
(19条)
安食里Ⓞ
当摩里Ⓝ
安井里Ⓜ
米里Ⓛ
楊里Ⓚ

図25　安食荘比定案

のようになる。

この比定地の付近では、条里地割の分布は庄内川上流側の北岸、庄内川と矢田川の合流点付近の上流側、矢田川の南岸地域に相対的にまとまってみられる。ただし形状は必ずしも典型的ではなく、特に矢田川南岸地域では、洪水を蒙った後に再施工したかのような形態であるとみられる。条里地割の分布一般については、後に改めて説明することにしたい。

図25は、多くの里についての記載のある、一八条から二〇条と推定される部分についてのみの推定復原案である。条を郡の北から南へと数え進むことは水野案でも示されているように尾張の条里プランの基本であるから、安食荘がこの付近であったことには違いがない。しかしそれ以外には確実な根拠がないので、図25もまた一つの推定復原案のままである。

先に紹介したように、水野案では庄内川と矢田川などの河道に合致するように里を配置されているが、その結果、立券文に記載された里の記載順とは別になっていることはすでに指摘した。これに対して図25では、立券文における里の記載順に従って、条ごとに里を配置したものである。そうすると、このような配置でも、川・池と河道や旧河道が合致するところが多く、荒地は台地上や自然堤防上に、田は自然堤防背後の氾濫原とか後背湿地とかに分類されるところに多いこともすでに述べた。ただし、洪水などでの変化があるので、すべてが現状と合致するわけではないことは言うまでもない。立券文に記載された里の順番に意味があるとすれば、九世紀の史料に見られるように東から西に向けての所在順以外には考えられないことも事実である。それを重視することによって、現地比定が可能であるという点がむしろ重要であろう。

ただこれに対して、弥永貞三と須磨千頴は一八条の各里をとぎれずに配列し、先の紹介において仮に二〇条と推定した当麻里、安食里などを一九条に加えた復原案を示している。しかしその考え方は筆者の案と基本的に同じであるものの、未解決や、新たに生じた問題もまた多く、図25の復原案を訂正するに十分な提案には至っていないと思われる。

この立券文にはまた、原山のように里名そのものの記載がない部分や、東如意、西如意に属す形で記載された計七ヵ里など、条の記載のない里名もあるが、大半は尾張国の他の郡と同じ様式の条里プランで表記されていると考えられることを再確認しておきたい。

(5) 安食荘立券文と国図の条里プラン

安食荘立券文には、領主である醍醐寺の役僧等が判をした上で、「在庁官人《ざいちょうかんじん》」が加判をしている文書となっている。次官以下の国司を含む、国府在庁の官人が認可したかたちである。つまり、律令以来の条里プランに拠りつつ、国司の権限を行使していたことになる。この過程において、国図そのものが参照されていることが記載されているわけではないが、「在地郡司公文検注使等の署名顕然なり」と郡司・検注使などが確認して署名していることも記されている。先に述べたような典型的な手続きと完全に一致するわけではないが、恐らく国図などの権利関係の記載と矛盾しないことを確認したかたちとなっている。つまり、「国図の条里プラン」の段階の土地管理の状況を反映していることになる。

先に、この時期に大和国で条里プランの一町方格の内部において、半折型ないし長地型のような一段を単位とした規則的地割形態の形成がすすんだ可能性を指摘した。安食荘において、坪やその内部の一段単位の現地での照合や、国衙の田所丹勘があったかどうかは不明であるが、少なくとも領主側の申し出について、何らかの確認をしたうえで国司の権限行使者である在庁官人が判を加えたことは間違いないところである。条里の記載によって位置を特定し、さらに一町方格を基準としてこのような照合作業が行われたわけであろう。その際に基準となった国図の条里プランが、一町方格の条里地割の形成を進める大きな契機となりえたことを確認しておいてよいと思われる。

先に紹介したように、醍醐寺領の安食荘立券文は条を記載しない里名記載の部分を含んでいた。原山、東如意、西如意などのうちに、単に里名だけで記載された里の記載の様式である。このような里の記載方法は、条を単位とした班田図などには馴染まない形である。山城国久世郡弘福寺領においても類例があったが、このような表現は、時代が下がるとさらに一般化したとみられる。そのことに立ち入る前に、律令の下で確定していた郡の組織や領域にも、中世には変化が及んでいたことにふれておきたい。本来、郡の行政担当者であった郡司の活動も変化した。郡司の本来の権限が分散したり、国府へ吸収されたりするような変化である。これには、国府の在庁官人と郡司の機能が一体化するような変化と見られる側面もある。

やはり醍醐寺文書であるが、安食荘立券文より百年余り後の、弘安五年（一二八二）山城浄金剛院領田畠坪付注進状に注目してみたい。同注進状は、尾張国の中島郡、丹羽郡、愛智郡、さらにはそれぞれの郡内の郷ごとに里名を記載して土地所在を記す表現法である。ところがこれには、数詞の条はまったく記載されていない。郡や郷が特定されているので、固有名詞の里の所在は、条の記載がなくても確認可能であったものであろう。現在の地名も、この点では基本的にこれと同じ様式と考えることができる。

しかもこの注進状では、郡そのものが、「中島郡南条　小槐里十坪四段小」「同北条　暗水里十坪」などと表現され、中島郡が南条と北条に分割されていたことが知られる。あるいはまた、「中島郡南条　三宅郷　音高里」といった表現のように、郷が里名の前に記載されている例もある。これらについては、先に紹介した水野による条里復原案に図示されているが、その当否を問題とする以前に、この様式が変容した後の条里プランの使用例であることを確認しておきたい。

国図の条里プランでも、律令の条里プランの段階とはすでにかなりの機能変化があったとみられるが、それでも安食荘立券文にみられるように、郡単位の条里呼称の体系は持続していた。しかし、この一三世紀末の注進状における表記法は、里の位置を郡内あるいは郷内の固有名詞の里名の所在地のみで表現したものであり、この点でまったく新たな段階と見られる。この郡や郷自体もすでに変容していた可能性があることもすでに知られている。この段階の条里プランを、「荘園の条里プラン」と表現しておくことにしたい。改めてこのカテゴリー設定の説明をしておきたい。

（6） 荘園の条里プラン

一二世紀中ごろの安食荘は、基本的に春部郡の条里プランに拠っておりながら、一部に郡内の位置を示す条を表現していない部分があったことは、既に指摘した。このことには安食荘の構造がかかわっていた。上村喜久子によれば、安食荘は本来、延喜二年（九一四）に王臣家によって施入された墾田地系の荘園だったと考えられている。その後の畑地開拓などの結果が当時の状況であるが、立券文の段階における醍醐寺領の安食荘四至内には、実際には「大縣宮領、熱田宮領、伊勢大神宮領、皇后宮領」など多くの他領が存在していた。醍醐寺は何らかの権利を所有していたものの、領域のすべての権益を有していたわけではなかった。このような荘園における多様な権利関係を明示したり、その確認をしたりするためにも、国図に表現された条里プランはきわめて有効だったと考えられる。それなくしては、おおいに混乱をきたすことになったと思われる。

しかし一二世紀末頃から、相ついで荘園の構造が変化する現象が進行した。安食荘に見られたように多くの荘園にはそれまで、いろいろな領主やそれらのさまざまな権益や義務が混在していた。このような荘園に、一まとまりの土地にすべての権益を集中する一円化の動きが進み、いろいろな活動・権益や領有権が完結するようになった。このような一円化した荘園は、それまで国図を基本として土地管理権を行使してきた国司などの介入を嫌い、多くの場合、不輸不入の権利を得る方向に進んだ。不輸不入とは、国の負担に応じず、また国衙からの荘園への立ち入りを許さない、という意味である。つまり、権益・義務・活動などのすべてが、国の許認可を経ず、荘園内で完結することになる。この段階ではしたがって、基本的に条里プランで土地を表現する必要もなくなることになろう。先に紹介した、弘安五年（一二八二）山城浄金剛院領田畠坪付注進状における、国図との対応を必ずしも意識しない土地の表現も、この段階に関わっていることになる。

（7）円覚寺領富田荘と荘園の条里プラン

尾張国の一円荘園で、最も典型的なのは円覚寺領富田荘である。富田荘は海部郡の庄内川河口近くにあり、著名な荘園絵図に表現されている。嘉暦二年（一三二七）に作製されたと推定される富田荘古図（円覚寺蔵）がこれであり、よく知られている例である。富田荘は一円化された荘園であるから、周辺部などでの境界争いなどはあったものの、荘園内のすべての権益は完結していたと考えられる。

富田荘古図では、固有名を付された里名と、その方形の範囲のみで条里プランを表現していることが知られている。図26のように、庄内川下流の伊勢湾岸にあった荘域の中心は南北四ヵ里、東西三ヵ里の範囲の計一二の里であった。これらの里の表現には、一部に不整形な部分があるが、「伊麦里、新家里、草壁里、（上得実、下得実）、富田里、服部里、□□里、鳥海里、春田里、稲村里、横江里、稲真里」という里名が標記されている。この中には、里の区画に里と付かず、かつ二分割されている不完全なものもあって、荘園内の位置を示すことはできたと思われるが、海部郡全体の条里プランの中での位置は表現できない状況であろう。川や寺、町などの位置から場所がほぼ示されるだけと見られる。だからこそ、境界については争論が起こるほど重要となり、事実、争論文書も残されている。

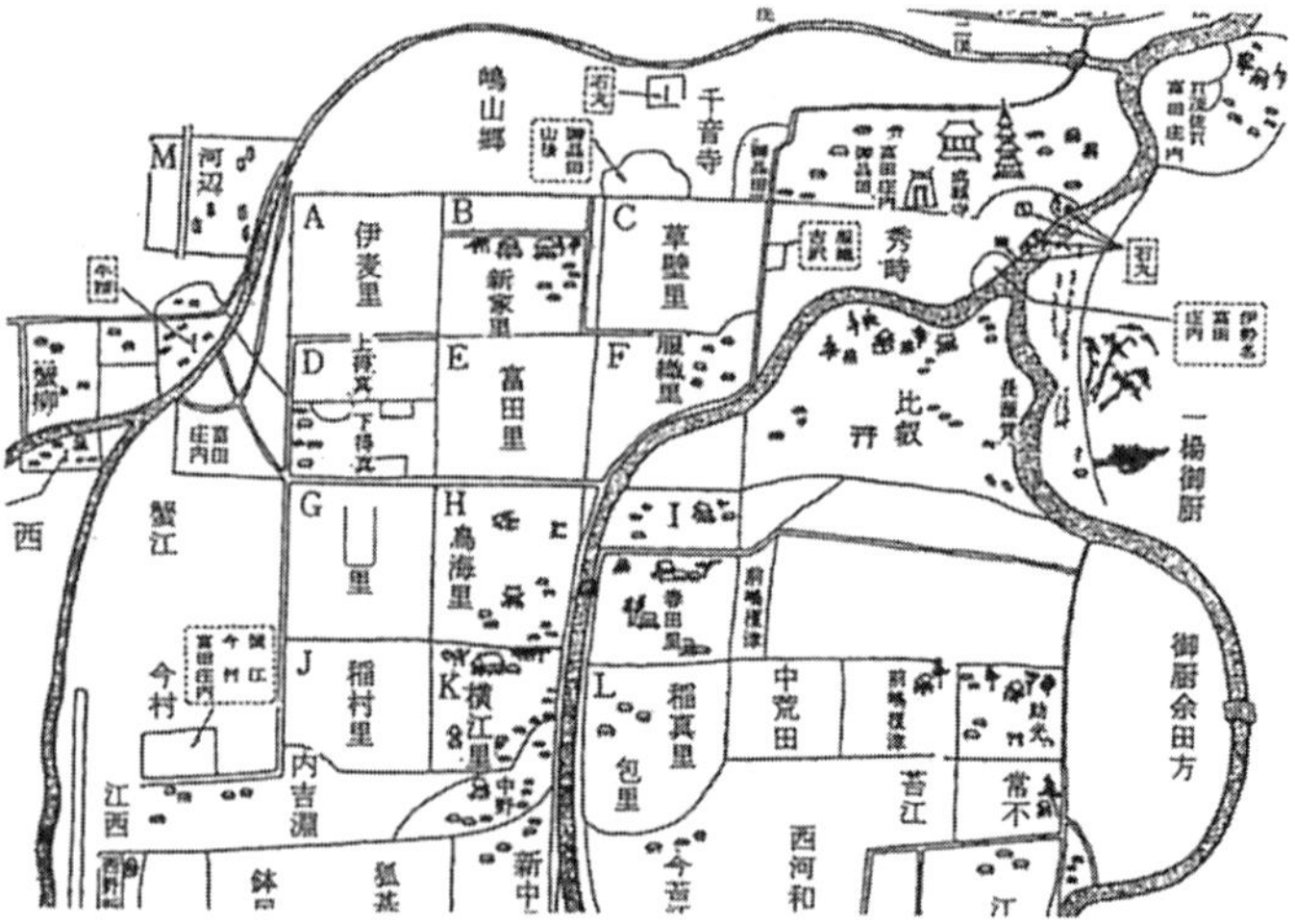

円覚寺領尾張国富田荘古図の概要

富田荘比定地付近の条里型地割と自然堤防

図 26　円覚寺領富田荘付近の条里プラン

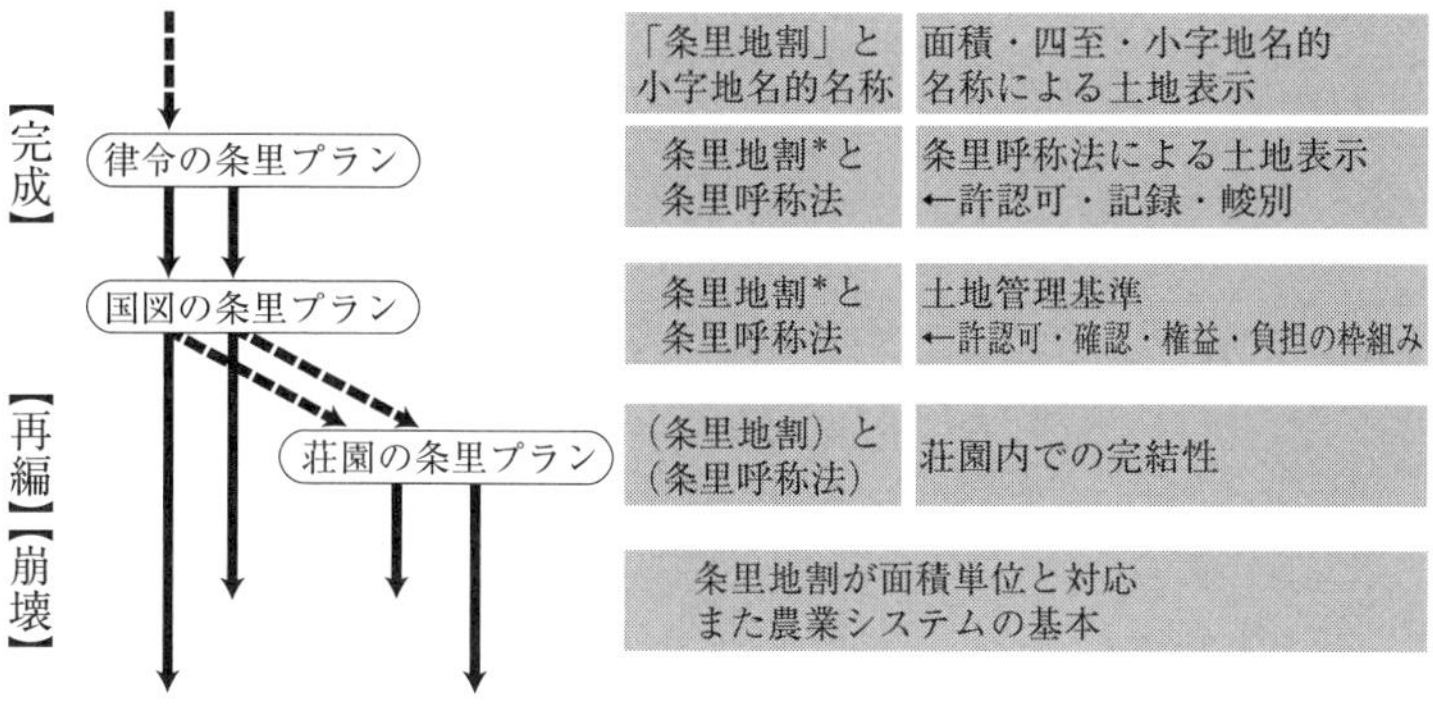

図27　条里プランの完成・再編・崩壊のプロセス（条里地割は制度上ないし認識上の存在で，現実の径溝を伴わない場合もある）

これが荘園の条里プランの一つの典型的な例と見てよい。これでは、不完全であるが、里の区画の方格と里名の伝統が意識されているにすぎないと言えよう。しかしすでに一円化して不輸不入権を確立した荘園にとっては、これでまったく問題がないことになる。

従って荘園の条里プランとは、郡を単位とした統一的規準による土地表示の必要性が消滅したか、少なくとも大幅にそれが減じた後に、個別の荘園を単位としてその内部だけで使用されたものということになる。その様式も、条里地割を継承しているか、あるいは条里呼称法の何らかの伝統を継承しているか、といった点だけが特徴である。律令の条里プランや国図の条里プランが有していた特徴のごく一部が継承されているにすぎないと表現できる。この意味で条里プランとしては、非常に変則的なものも含むことになる。

(8)　条里地割の持続性

ここで概観してきたような、律令の条里プラン、国図の条里プラン、荘園の条里プランの機能の概要を図示すれば、図27のようになる。これだけでは条里地割の説明や条里プランの復原の参考にはならないが、条里プラン自体がこのような変遷を経ていたことは重要であろう。そのいずれの段階においても、実際に土地の区画として畔や道、溝や水路などが施工され、条里地割の設定が進行した契機があったこともすでに述べた。しかも条里地割は、実際に施工された場合には基本的に耕地の土地区画であったから、灌漑条件はじめ地形条件に大きくかかわらざるを得なかったことは言うまでもない。しかもそれが、土地利用はもちろん、土地所有についての単位ともなり、条里地割の持続性を高めることに大きくかかわることとなった、

条里地割の規則的形状は、土地利用や土地所有の単位としても有効であったため、条里呼称による土地表示単位としての機能を失った後にも、条里地割だけが持続することが多かった。とはいえ、現在でもあるいは少し前まで、日本各地で存在が確認できた条里地割の形状は、先に述べた長地型や半折型といった典型的な形よりは、それらの少し変形のような形状のものが多いことも知られている。かつてはそのような形状を、もともと規則的であったものが時代を経て変形してきたと考えることが多かった。しかし実際には、近世や近代になっても、規則的な形状の条里地割を造成したことが知られる場合もあり、条里地割ないしそれに類似した地割を造成する契機は存在し続けたと見られる。条里地割の形状や分布と、その存続環境については、章を改めて検討したい。

六　尾張国の条里地割

1　尾張国の条里地割と地形環境

(1)　条里地割

尾張国では、天平一四年(七四二)に班田図が作製されていたことをすでに述べた。換言すればこの時点には、条里プランが完成していたことになる。この条里プランは、律令の土地制度の下で機能し、律令の条里プランと表現できる状況であった。次いで尾張国には、醍醐寺領安食荘立券状に表現されたような国図の条里プランの段階を示す史料も、円覚寺領富田荘古図が表現するような荘園の条里プランの段階の資料も存在した。それらの機能についてもすでに述べたが、いずれの段階においても、条里地割が形成される契機が存在した。

条里地割は、一町方格網を呈する径溝パターンと、その内部における長方形の一筆耕地からなる地割形態を特徴とする。律令・国図・荘園の三段階の条里プランのいずれの段階においても、条里地割が形成される契機が存在したことはすでに述べた。ところがいずれの段階において形成されたにしろ、形成以後にその形態が不変であったわけではなかった。これもまた、地形条件の制約の中で変化を余儀なくされ、また、経済的・社会的状況の中で、時代的に変化をした場合もあった。

すでに紹介した水野によって作製された分布図では、尾張国平野部の広い範囲にわたって条里地割が分布していたと報告されている。この報告は、旧版二万分の一地形図の精度もあって、過大に分布が報告されているとみられることは先に述べた。しかしながら、場所によって条里地割と認められるような地割形態の分布状況は異なるものの、尾張国平野部に広く条里地割が分布していたことは確かである。その一部は近年まで残存して、土地所有や土地利用の枠組みとして機能していた。

このような条里地割の分布を検討して、その形成と変化の要因を追跡し、また三段階の条里プランとの関連についても検討を加えたい。そのためにまず、条里地割の分布の基盤となっている地形環境について整理しておきたい。

(2) 尾張平野の地形環境

尾張の平野は、北と西が木曽川に、東側は山地に画され、南側は伊勢湾に面している。平野東側の山地の麓には北の犬山から、南の熱田に向けて台地が広がっている。尾張の南は知多半島として伊勢湾に突出している。

山麓に広がる台地の多くは、洪積世あるいは更新世と呼ばれる一万年以上も前の時代に河川の堆積によって形成され、その後の浸食を受けて台地化したところである。この時期には堆積と浸食が何回も繰り返されたので、同じく台地といっても色々な高さがあるのが実態である。

台地は河川の浸食によって削り残された部分であるので、台地上の多くはもともと用水が十分でなく、開発が遅れた場合が多いところであった。しかし低地にのぞむ台地端付近は、しばしば古墳や古代起源の社寺の立地が見られるように、重要な生活や権力の拠点となることがあった。台地のなかでも、犬山東南の低い台地上は、やや例外的に古くから開発の進んだところであった。その理由は、台地の上流側の山地からいくつかの小河川が流れ込み、台地上とはいえ、灌漑用水にも恵まれた条件を伴っていたからである。

山麓の台地より下流側に広がる平野は、ほとんどが河川の堆積によって形成された地形で、歴史時代に入っても洪水堆積が及んだ部分であった。この地形は、ほぼ一万年前から形成されてきたものと考えられていて、歴史時代に入ってからの人間生活に直接関わってきた。中でも尾張の平野は、日本の平野の特徴を、とりわけ典型的な形で示しているとみられる。

尾張平野北東部における、木曽川の谷口に近い犬山付近から西南にかけて、半径一〇キロメートルほどの扇を半分ほど開いたような形状となっている部分がある。これは扇状地と呼ばれる地形であり、かつて木曽川の洪水による土砂の堆積が最も活発だったところである。木曽川谷口から近いこの付近では、礫や砂をたくさん堆積した結果、その堆積部分が全体として扇型の形状を呈するようになった部分である。扇状地では、砂や礫だけでなく、土が堆積した部分もあるものの、土は粘土のような細かい粒子からなるものではなく、それより粗い粒子の泥（シルト）と呼ばれる土が多かった。この扇状地上では、増水した時や洪水の折に、木曽川が氾濫して流れた跡である旧河道が幾筋もみられる。

ところが旧河道と呼ばれるこれらの河道跡は、いまではむしろ少し浸食が進んで浅い谷状になっている。木曽川が現在の河道に固定されて、洪水による土砂の堆積量が著しく減少したことと、木曽川扇状地付近では土地が少し隆起する傾向にあることが原因だと考えられている。これらの状況から、木曽川扇状地の扇状地上は用水が十分ではなく、この部分もまた、一般に水田開発が遅れた部分であった。

扇状地より下流側では、自然堤防と後背湿地が入り混じった地形が広がっている。全体として、自然堤防帯と呼ばれることが多い地形条件の部分である。自然堤防とは、洪水が起こった場合に河道沿いのところにおいて、粒径が大きくて重い土砂がまず堆積した結果、やや高まりとなった部分である。自然堤防は、一般に扇状地ほどには礫が多くないが、基本的に扇状地とよく似た砂礫質の多い堆積物からなっている。

洪水の際に、河道に近い部分に砂礫を堆積した後も、依然として洪水の泥水が周囲を襲うのが普通である。洪水の際に自然堤防の背後に泥水が広がり、洪水が治まるとそれに含まれた細かい粒子の泥や粘土が堆積したのが後背湿地である。河道に近いとか遠いとか言っても、現在の河道付近だけではなく、旧河道沿いでもかつて同じようなことが発生したので、自然堤防帯のどこにでも自然堤防と後背湿地が入り混じって分布していることとなっている。自然堤防は微高で水はけがよい場合が多く、人々の居住や畑作などに適していた。これに対して後背湿地は低平で用水が得やすく、水田の形成が進みやすかった地形条件のところである。

河道や旧河道がどこにあったかにもよるが、一般に下流側に行くにしたがって細かい粒子の堆積物が増えて自然堤防が少なく、逆に後背湿地が増える傾向となる。自然堤防帯に比べて自然堤防が少なくなり、後背湿地が多くなった下流側の平野を、一般に三角州平野と呼ぶことが多い。三角州平野を三角州と呼ぶ場合もあって、研究者によってはやや上流側を三角州平野、下流側の海岸寄りの部分を三角州と呼び分ける場合もある。いずれにしろ三角州平野では、後背湿地のような低平な地形が広がっているので、用水が得やすく水田開発には便利な地形条件である。しかし同時に、洪水時には冠水する危険性も高い地形条件でもある。

いっぽう河川上流側の山地の中の谷の部分には、狭小な平野が形成されることが多く、谷底平野と分類される。山地の地質や、山地と谷底の標高差によって多様であるものの、谷底平野の多くは、山麓の小規模な扇状地や、川沿いのやはり小さな自然堤防帯で構成されたりしている場合が多い。つまり、小規模な自然堤防帯ないし三角州平野と見てよい状況となっている場合が多い。

このような、平野における多様な微地形条件は、人間生活、特に土地利用の在り方、さらには条里地割の形成や存続に大きくかかわっている。そこで、尾張各郡の平野部について、それぞれのおおよその状況を概観することから始めたい。

尾張平野北東部を占める丹羽郡では、郡の北部は大半が台地と扇状地上に相当する。郡の東南部は自然堤防帯に及ぶ。丹羽郡の西側にあたる、尾張平野北部の葉栗郡もほとんどが扇状地上であり、西側部分が自然堤防帯である。

尾張平野中央部の中島郡はほとんどが自然堤防帯であるが、その下流側の海部郡一帯は三角州平野ないし三角州である。

尾張平野東南部の春部郡や山田郡では、台地と比較的広い谷底平野ならびに自然堤防帯が大半を占める。

この両郡のさらに南部の愛知郡や、知多半島を占める知多郡の小規模な平野には、先に述べたような谷底平野とみられるものがたくさんある。これらの愛知郡や知多郡の伊勢湾沿岸部には、三角州平野ないし三角州と同じように低平な平野部がある。しかしいずれも、海部郡の場合と異なって小規模な平野である。

(3)　木曽川の洪水

さて、木曽川のような大河川が平野形成の中心的営力となった尾張平野では、古代においてもいくつもの洪水記録があることが知られている。まずよく知られている六国史の記述の関連部分を挙げてみたい。

㋐神護景雲三年（七六九）「尾張国言《もう》す、この国と美濃国の堺、鵜沼川あり、今年大水、その流れの道を改むる、毎日葉栗、中島、海部を侵し損ね、三郡の百姓《ひゃくせい》の田宅、又国府ならびに国分二寺、倶に下流に居る。」（『続日本紀』）

㋑貞観七年（八六五）「尾張国言す、昔広野河の流れ、美濃国に向かう、（中略）而してこの年、河口を壅塞《ようさい》し、惣てこの国に落つ、雨水に遭う毎に動き、巨害を被る。」(『日本三代実録』)

㋒貞観八年「尾張国言す、太政官処分を奉り、広野川河口を掘り開く、旧流を趣《うなが》せしむ、而して美濃国各務郡大領各務吉雄、厚見郡大領各務吉宗等、(中略)河口に襲来、(下略)」(『日本三代実録』)

中でも㋐が、大規模な洪水の様子を最もよく記録している。この上申で「鵜沼川」と呼ばれたのが木曽川の本流であり、現在の境川の流路がほぼこれにあたると考えられている。神護景雲三年(七六九)にその川の洪水が発生し、その結果、流路が変わった、とまず述べている。それだけでなく、葉栗、中島、海部の三郡を洪水が襲い、いろいろな人々の田や家を損傷しただけでなく、国府や国分寺・国分尼寺も水害にあった、というのである。国府や国分寺・国分尼寺は平野中央部の中島郡にあったと考えられているから、尾張の平野部のほとんど全域に洪水が押し寄せたことになろう。引用部分では省略しているが、この際に尾張国は、旧流を復旧することを願ってその工事許可を得ていた。この通りに工事が行われて完成していたとすれば、境川の位置での木曽川本流が復活していたはずであったことになる。

ところが一〇〇年近くたった貞観七年(八六五)、尾張国は改めて太政官に願いを上げていた。それは、「広野川」(境川河道付近の旧木曽川の呼称)が昔は美濃国に向かっていたが、最近その河口が塞がって尾張側に流れるようになってきて、雨のたびに被害が大きい、というものであった。やはり引用を省略しているが、旧流の方向に戻してほしい、と申請している。つまり、一〇〇年前とほとんど同じ状況が再現していたことになろう。恐らく木曽川の堆積状況などによって、木曽川自体の現流路付近への本流の移動は、止めようのない状況となっていたようである。

ただし関連する工事を巡っては、美濃国と尾張国との間で、国境紛争ともいうべき事件まで発生したことが知られる。㋑の翌年の㋒では、引用は省略しているが、太政官の許可を得て「広野川」の河口を掘り広げたところ、美濃国各務・厚見両郡の郡司ら「七百余人」が襲来して、尾張側の郡司や工事の「役夫」が殺傷された、ということを記している。

これは、木曽川の河道と洪水についての、八・九世紀における大きな洪水と事件の一連の記録である。当時の河川堆積による地形の形成と変化をもたらした洪水、またそれへの人々の対応の一例でもある。河川や洪水が社会生活に及ぼした大きさを示す好例であろう。

2　地籍図と旧版大縮尺図

(1)　条里地割の検出

条里地割の分布と、その形成と変化の要因を追跡するためには、先ず、右に述べたような地形環境を確認することが不可欠であるが、次いで条里地割の実際の形状や分布そのものを確認することが必要である。尾張平野の場合、旧版二万分の一地形図をよりどころとするのでは、問題が多いことをすでに述べた。このほかにも、条里地割の分布状況の調査をするための資料はいくつかありえる。大別すると一般的には、「近世の村絵図類」「明治初期の地籍図類」「旧版の大縮尺図」「初期の空中写真」

など、といった四類型となろう。

尾張には、尾張藩時代の近世村絵図類が大変豊富に残っている。これは、耕地整理や圃場整備事業、あるいは都市化などによる地割改変以前の、出来るだけ古い時期の史料という点ではきわめて貴重である。しかし縮尺などが不正確であったり、一筆耕地界が描かれていない場合があったりするために、具体的に調査の中心的資料として使用できる例はわずかである。

ところが明治初期に作製された地籍図類の場合、基本的には近世村絵図類と同様に手描き図であるが、一筆耕地界と地番、道や畔、川や溝、「小字界」と「小字地名」などが表現され、しかも縮尺が明示され、相対的に精確なものが多いのが普通となっている。これは条里地割の分布調査には非常に有効となる。

地籍図と総称しているのは、作製した時点の村ごとに、土地の所有権登記や固定資産税課税のためなどの基本となる一筆単位の地筆を描き、さらにそれぞれに地番を標記した地図である。明治六―九年ごろ、同一五―一九年ごろ、明治二〇年代、等に作製されたものが各地に残存し、愛知県の場合、明治一七年のものが県に一括して保存されている。したがって、調査には大変便利である。これには小字地名も記入されているので、条里呼称の遺存調査にもきわめて有効となる。

このように尾張平野の場合、明治初期の地籍図によって確認しながら、条里地割分布を旧版の大縮尺図に記入する方法を採用することが可能であり、かなり正確な分布図が得られる。場所によっては、一九四〇年代の空中写真によって確認や補足をすることができる場合もある。

ここで旧版の大縮尺図というのは、かつて市町村などが測量会社に委託して作製した大縮尺の地図のことを指している。昭和三〇年代後半から、四〇年代前半頃に作製したものがあれば、圃場《ほじょう》整備が展開する以前の状況が知られるので、条里地割の分布調査にはきわめて有効である。内容には事業主体によって精粗があるが、通常は空中写真を利用して作製した、三〇〇〇分の一程度の縮尺の地図が多い。このような地図によって確認できるのは、あくまで大縮尺図作製の時点であるが、圃場整備事業はもちろん、それ以前の耕地整理も行われていない段階であった可能性が大きく、旧来の地割形態が確認できるというのが最大の利点である。ただし旧来の地割形態といっても、部分的な変化は常に進んでいる。とはいっても、耕地整理や圃場整備などが行われていなければ、昭和四〇年代の二五〇〇分の一図なども同様に便利である。それらの地割形態を明治時代の地籍図類と照合すれば、地籍図の時点にそれが存在したか否かを確認することができることになる。

(2) 地籍図と旧版大縮尺図による地割形態の確認

地籍図と大縮尺図の照合は、実際にはかなり複雑な作業であるが、具体的な例によって説明を試みたい。

図28は明治一七年の地籍図の一部分である。「地籍字分全図《ちせきあざわけぜんず》」と題して、「尾張国丹羽郡野寄村」の「地主総代」三名と「戸長」一名が、署名・押印しているものの一部である。これには、道が赤の線、川や水路が水色の線、小字界が点線、地筆界が細い黒線によって表現され、小字名が楕円で囲んであ

図28　明治17年尾張国丹羽郡野寄村地積図（部分）

る。地筆内には地番と地目などが、地筆ごとに記入されている。この地籍図は本来、地番ごとに地籍簿に記載された、地目、所有者、面積などと照合が可能であった。

図28の中央部右（東）寄りの小字地名は「中田」、その左（西）側に隣接した小字は「海道下」であり、いずれも楕円で囲まれ、それぞれに「字」と記されている。この段階では、野寄村の一部の地名であるので、「字」で間違いない。ただし、野寄村が合併によって広域となり、野寄が新しい村の中の「大字」と

なり、それまで字であった「中田」などは「小字」となったことになる。正確にはこの時点において、「小字地名」が成立したことになる。古代の条里プランに出現した小字地名的名称とは、性格も成立時点もまったく異なったものであったことはすでに述べた。以下、小字と記すことにしたい。

さて、小字「中田」の範囲も、その左（西）の小字「海道下」の範囲も、地籍図において小字界だけでなく、同時に道によって、ほぼ方形に囲まれている。しかし詳細に見ると、「中田」は方形とはいっても上下（南北）が左右（東西）の一・五倍程の長方形であり、海道下の場合は左（西）に少し広がっているように表現されている。

小字内では、「中田」の地筆には南北方向に長いものが多く、「海道下」の場合は東西の端を除けば東西方向に長い地筆が多いことが知られる。このほか、地目の表現に「田」と「畑」が複雑に入り組んでいることについては、後で改めて検討することにしたい。同じような形状の地割がこれら二つの小字の周囲に続き、これらが一般に、条里地割あるいは条里遺構と認定されている地割形態である。ただし、各地の多くの例と同様に、厳密な形の長地型でも半折型でもない。

ところが地籍図を詳細に見ると、「中田」や「街道下」の上（北）側の小字にも、下（南）側の小字にも同じような方形の小字単位が続くが、上側の字では南北に長い長方形と見られ、下側では南北に短い長方形が東西に接続されたような小字の範囲となっている。つまりこの地籍図だけでは、条里地割の本来の一町方格がどこであったのかが、きわめてわかり難い状況である。

そこで、この部分の旧版大縮尺図との照合を試みると、この点が明確となる。図29は昭和四四年

図 29　旧丹羽郡野寄村付近（3000 分 1 図を縮小）

（一九六九）測図の縮尺三〇〇〇分の一「岩倉都市計画図」の一部であり、図28の旧野寄村と同じ範囲を含む一帯である。すでにこの時点での新しい道路や区画整理の結果と計画が描かれているが、幸いにも、この時点での実際の古くからの地割形態も描かれている。地籍図では、本来の一町方格が解りにくかったが、三〇〇〇分の一図では、字「中田」の北辺と字「海道下」の北側が、実際には一町よりやや狭いものの、東西に続く地割列であることが知られる。さらに北側に続く一町方格と、字「中田」、「海道下」およびその南側一帯の一町方格網は、この東西地割列と相当の不整合をきたしているとみられる。

（3）微地形条件の確認

このような地籍図と旧版大縮尺図による確認手続きを繰り返して、岩倉市西部の青木川と五条川の間の地域の条里地割分布を確認し、それを図示したのが図30である。旧版二〇〇〇〇分の一地形図に書き込まれた水野による分布図と異なって、この図は三〇〇〇分の一図に記入した分布図を光学的に縮小して作製したものである。具体的には、三〇〇〇分の一を二五〇〇〇分の一になるように縮小して、さらに同じ縮尺の土地条件図と重ねる作業を加えた。これによって、条里地割が分布する場所の微地形（細かな地形）条件をも知ることができる。

図30を見るとこの地域は、木曽川扇状地の扇端部より下流の自然堤防帯にあり、全体として、青木川と五条川の河道付近に自然堤防が多く、その背後に後背湿地があるという状況であることが知られ

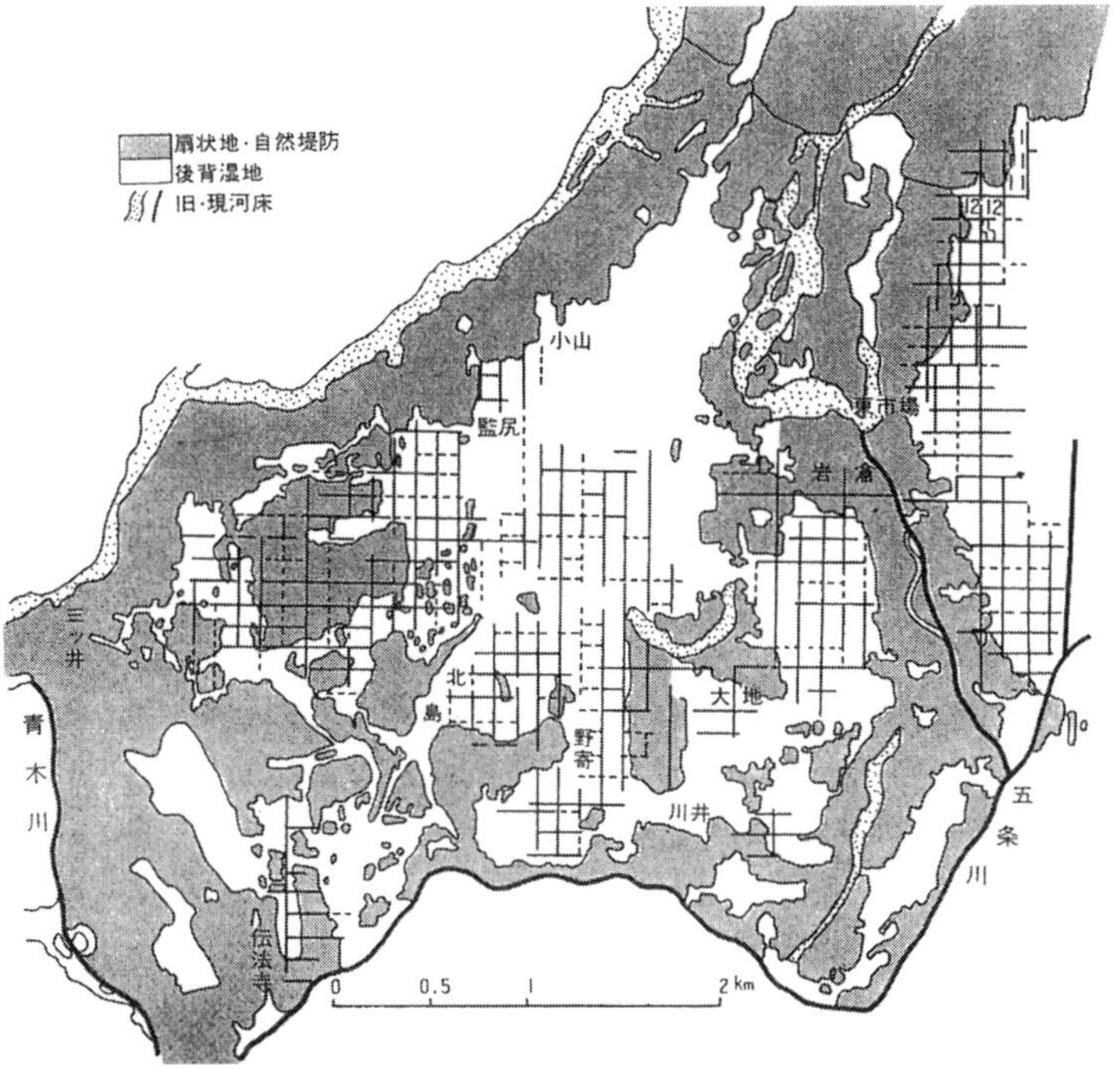

図 30　岩倉付近の条里地割と微地形

る。自然堤防帯の地形条件については すでに説明したが、自然堤防が河川の洪水堆積による微高地で、後背湿地は直接の堆積が及びにくく、細かな粒子の泥や粘土が堆積した、平坦で低湿な地形条件の部分である。全体として青木川・五条川沿いに自然堤防が多く、その間には後背湿地が多いものの、この後背湿地部分にも、小規模な自然堤防が分散的に存在することも知られる。

条里地割はこのような後背湿地の部分を中心に分布している。自然堤防の上には基本的に条里地割の分布は見られないが、青木川に近い「三ツ井」付近には、例外的に自然堤防上に分布するように見える。ただし、この付近は非常に低い自然堤防であり、いうならば自然堤防と後背湿地の中間的な性格の部分である。先ほど図28と図29で例示した、旧野寄村の南部の状況は、図30に「野寄」と標記した地点の南側のように、北から続く一町方格網とは不整合な方格網を呈する部分である。

条里地割群は、このように自然堤防を挟んで、離れて分布するか、連続していても不整合部分を介在している場合が多くみられる。なぜこのような状況になっているのか、についての検討は後に回して、先に指摘した田と畑が複雑に入り組んだ地筆と土地利用の存在を次に取り上げたい。

3　島畑の成立と展開

(1)　丹羽郡三ツ井村の島畑

このような、田と畑が複雑に入り組んだ地筆と土地利用の形態を、尾張では「島畑」ということが多い。鏡味完二は、この島畑について特異な条里地割の形態として注目した。一九五二年、先に紹介した水野の研究成果が出版されるより少し前の時期に、鏡味が取り上げたのは現在の岩倉市西部の旧丹羽郡三ツ井村であった。この旧三ツ井村は図30に「三ツ井」と標記した部分付近から東北側にかけての一帯である。先に検討した旧野寄村の西北方に当たり、いずれも青木川の影響を強く受けた部分であった。旧三ツ井村の明治一七年（一八八四）の地籍図は先に例示した旧野寄村と同じように、

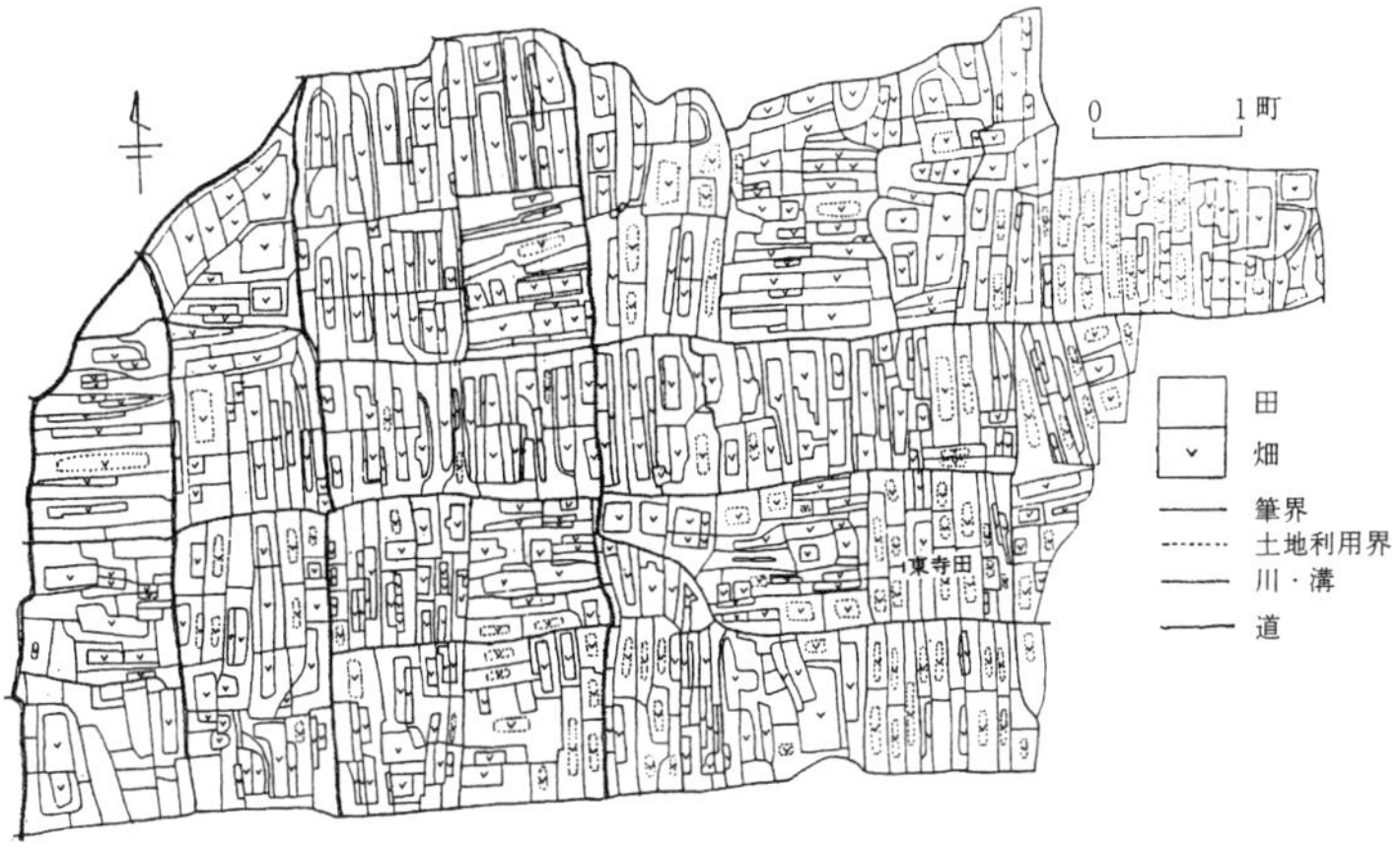

図31　丹羽郡三ツ井村地積図の概要（明治17年）

「尾張国丹羽郡三ツ井村　地籍字分全図」と題されている。

この地籍図の状況を、検討しやすくするために書き改めてみると図31のようになる。先の旧野寄村の地籍図にもみられたように、それぞれの田の地筆の隅や中央に畑の地筆が見られる。地目はここではほとんどが「田」と「畑」であるが、地籍図にはそれぞれ文字で記入されている。緩やかに曲線を描く、道や水路がほぼ一町方格をなす形状と、その内部の長地型とも半折型ともつかぬ一筆耕地の形状からなる地割形態がみられる。形態は同一ではないが、ほぼすべての地筆が水田と畑からなっていることも知られる。

「島畑」とは、水田中に畑が島のように分布する、このような土地利用の状況を指していることになる。図31をよく見ると畑には直線の地筆界で画されたものと、点線の土地利用界で画されたものがあることが知られる。前者は独立した地筆で固有の地番を持ち、後者は隣接の田と同一の地番、つまり同一地筆であるが、各地筆が田と畑の地目からなっている。前者のような独立した地筆はこの時点で別の所有者であった例が多く、後者のような田と畑が同一地筆の場合は同一所有者である例がほとんどであった。この状況が示す意味には後で改めてふれることになる。

さて、図31付近一帯には弥生時代の遺跡が多く、また古代中世の遺物の出土例もあって、自然堤防と後背湿地の基本的な配置の状況には、弥生時代中期以後に大きな変化のなかったことが知られている。これは、弥生中期以後、洪水やそれによる堆積がなかったことを意味するのではなく、洪水やそれによる堆積が、自然堤防や後背湿地の基本的な配置を変えるほどではなかったことを意味することになる。洪水そのものは、それほど大規模ではなければ、むしろかなり頻繁に起きていたと考えられる。またそれに伴って、小規模な洪水堆積も頻発したと考えられる。

鏡味は、「条里制」の起源と条里地割内部における土地利用の起源を一体のものとして考え、「丹陽村のこの市松模様を描く島畑の形態は大化の頃、条里制施行と同時に決定されたものである」と結論した。鏡味は歴史時代における変化を考慮せず、条里地割の一町方格とその内部の土地利用のすべての起源を七世紀中ごろに想定し、その後一三〇〇年間以上もそのまま継続して、調査時点の二〇世紀中ごろに至ったと考えたことになる。

その折の論拠の一つは、旧三ツ井村「字東寺田」の地割の計測であり、一町方格の各辺が六〇間より一間一尺五寸~三間三尺ばかり長いとした。しかし実際の条里地割の一町方格は、図31や先述の図28の例でも知られるように、緩やかに湾曲していることが多く、一部分のみの計測で正確な数値が得られるものではない。図31の東寺田の部分もこのような標準的な条里地割の一例のように見える。事実、一九七一年測量の二五〇〇分の一図上での計測によれば、標準的なサイズであることを確認することができる。

さらにこの付近について、島畑の構造を確認するための調査を実施したところ、少なくとも次のような事実を知ることができた。調査した島畑はいずれも表土のすぐ下の地層、あるいはさらにその下の地層が堆積した後に造成されていた。一般的には隣接する水田面の三〇～四〇センチほど下層において、隣接する水田と島畑の下部の土層が同一のものになっていたのである。最も深い例でも五〇センチほど、もっとも浅い例では、島畑の高まり部分だけが隣接の水田と異なっていて、耕作土のすぐ下層は水田と同じ土層になっていた。

地表面下三〇―四〇センチという、一般的な深さの例が、自然堤防の周辺部分に造成された島畑に多く見られることも確認できた。相対的に浅いほうの例は、後背湿地部分において、洪水によって堆積した土砂を掻き集めて島畑を造成した、と考えられる例である。一方、深いほうの事例でも水田形成と同じかそれ以後の島畑造成と考えられる。一般的な深さの事例や、浅いほうの事例は、水田の形成が展開した後に島畑が造成された可能性を示していることになる。いずれにしても島畑の方が、水田隣接ないし周囲の水田に比べて、相対的に新しい時期とみられる例が多いことになる。

（2）島畑の造成と景観

この尾張国丹羽郡三ツ井村の島畑については、文政八年（一八二二）『尾張徇行記《おわりじゅんこうき》』（樋口好古撰）に、

「一体地高ナル所故に、用水カカリ（掛）アシ（悪）シ、サレハ地下《じさげ》ヲシタル田ハヨク実ルト也」

と説明している。微高地なので水掛りがよくないが、地下げをした田はよく稔る、と説明しているのである。これは、すでに水田であるところを地下げして水田の水掛りを良くし、おそらく同時に、その土を掻きあげて島畑とする、という作業を説明していることに他ならない。

ただしこれは一九世紀初めころの記述なので、そのままで島畑の起源と考えることはできないが、これより以前においても尾張では、島畑に関わる次のような史料の記述を見ることができる。

㋐ 応永六年（一三九九）藤原安義等連署売券

合四段者、在所大嶋々畠三反并田壱反

㋑ 永正一二年（一五一五）宗成寄進状　　合五段者

坪本ハ中ニ西東へ有透路　田四段

嶋畠一反也、嶋大小七ツ在之

㋒ 大永五年（一五二五）織田達清寄進状

合参段者　此内有嶋

ここに列挙した㋐と㋑は、明らかに田と畠が併存する土地所有の単位であり、土地利用である。し

かも両文書とも「嶋畠」と表現している。㋒はこれらほど明確ではないが、やはり同様の状況だと考えられる。いずれも所在地は不明であるが、一四世紀末からは、尾張に島畑が存在し、それを島畑と称していたことは確認できる。

尾張ではこれ以前の島畑の存否に関わる史料は見つかっていないが、一般に一三世紀から一四世紀末ころには島畑が成立し始めていたと考えられる。この年代は、先に述べたような青木川・五条川間の島畑の地下構造から推定した造成過程とも矛盾しない。

島畑について、検討を後回しにしていたもう一つの現象にも触れておきたい。それは地籍図において、島畑が独立した地筆となっている場合と、隣接する田とともに同一の地筆となっている場合が併存していることである。

地籍図の場合、同じような微地形条件や一連の同じ景観の場合であっても、作製規準の違いによってこのいずれかの形となっている例がある。例えば、明治一七年「海東郡秋竹村（後の七宝町）地籍字分全図」と同年の「海東郡遠島村（後の七宝町）地籍字分全図」である。この二つの村は同郡内であり、相互に隣接して同じような微地形条件のところである。しかも、同じような島畑景観が展開していた。しかし、旧遠島村ではほとんどが、田畑がそれぞれ独立した地筆であり、先に指摘した前者の場合である。一方、旧秋竹村ではほとんどすべてが後者のように田畑が同一の地筆である。

ところが旧三ツ井村の場合、同じ旧村の中で両方の地筆が見られることがこの例とは異なる。旧三ツ井村の場合、田畑が同一地筆となっている場合が多いのは、図31の東南隅の青木川から遠い部分に多いことが知られる。微地形条件からは、自然堤防縁辺であるか、それに続く後背湿地部に多いことになる。最も可能性が高いのは、水田に流入した洪水堆積物を水田の一角に掻きあげて島畑を造成した場合の過程である。具体的には、もともと一筆の水田に洪水堆積物が押し寄せたために、それを水田の一部に掻き揚げて畑としたという場合である。ただし、先に紹介した『尾張徇行記』が述べるように、洪水がなくても、水掛をよくするために地下げをした場合もあった可能性があることになる。これらの場合には、一筆の水田の所有者が確定していたところの一部に島畑を造成したことになるので、両者を同一地筆とすることが自然であろう。

この旧三ツ井村では確認できなかったが、このほかに次のような場合がある。それは、全体が微高地なので灌漑ができず、もともと畑にしかできなかった自然堤防の部分において、新たに水田を造成するために畑を掘り下げて一部に水田を造成した結果として、水田と島畑が併存した形となった場合である。この場合も、同一所有者の地筆内での現象であり、田と畑が同一地筆となることが自然である。

このように見てくると、島畑は本来、条里地割とは別の起源と背景を持っていたことになる。土地利用としては重要でかつ特徴的であるが、条里地割そのものの形状や分布の点からすれば、島畑は考慮から外して検討を進めることが妥当であることになる。

4　尾張国の条里地割分布

（1）条里地割分布

地籍図と旧版大縮尺図の照合作業を基礎として、尾張平野部の条里地割分布を調査した結果、図32のような条里地割の分布が判明した。多くは一般に典型的な条里地割と認識される形態のものである。ただしこの中には、一町方格網としては不明瞭であるものの、明らかに一町間隔の小道や溝などが見られるもの、一町方格の内部が典型的な条里地割とは少し異なるもの等も含まれている。特に問題を含むと思われるものについては後に改めて指摘することにするが、それらを除けば、全体として条里地割と考えられる地割形態の分布である。

図32を見ると、旧丹羽郡では、犬山市街東南方一帯の低い洪積台地上において、比較的まとまった条里地割群が存在する。この部分は、台地上でありながら、東の山地からの小河川による堆積と灌漑用水が得られる部分である。もっと南の同じような条件の部分にも断片的な条里地割群が見られるが、このうちの最南端の一群の一町方格網は、東西方向が傾いた菱形を呈している。犬山市街東南の条里地割群から西南方にむけて展開する、同様の台地上と、扇状地の東側扇側部にも条里地割群が見られる。さらに西南方の扇状地扇端部より下流側の青木川・五条川間は、すでに図30で示した部分である。

扇状地の西部からさらに西の自然堤防帯にかけての旧葉栗郡一帯では、後背湿地に若干の条里地割

図 32　尾張国主要部における条里地割の分布

群が見られるが、いずれも非常に断片的な分布である。

旧中島郡の大部分は、典型的な自然堤防帯に位置する。図32のように三宅川両岸の後背湿地を中心に比較的まとまった条里地割群の存在が知られる。三宅川中流域には国府推定地があり、古代尾張国の政治中心であった。しかし三宅川より西側の、日光川付近一帯から西側における、現木曽川河道に近いところには、条里地割群の分布を確認することができない。

旧中島郡の南方一帯、つまり下流側一帯が旧海部郡である。この地域では自然堤防帯から三角州平野へと地形条件が移り変わる部分であることはすでに述べた。自然堤防が相対的に小さくなり、逆に後背湿地が広くなる傾向のところである。条里地割群もまた比較的連続的に分布するが、それでも郡域一面に分布するというわけではない。図32中央部西寄り南端部付近には、東西南北の方格線が少しずつ方向を異にする条里地割群の分布が見られる。これは前述の円覚寺領富田荘古図に描かれた部分である。先に説明したように、中世における荘園の条里プランの段階において、荘園の下で条里地割の造成や改変が行われたと考えられる部分である。旧中島郡の場合と同様に、日光川付近から西の現木曽川河道近くには条里地割分布がない。

旧春部郡は図32の中央部付近から東側にかけての部分である。図30で例示した旧丹羽郡西南部の条里地割群と類似の分布状況が、下流側の旧春部郡に入っても続いて見られる。これとは別に、庄内川と矢田川の合流点から上流側には比較的まとまった条里地割群が見られるが、この付近には醍醐寺領の安食荘が所在したことはすでに述べた。北側の洪積台地端以西の部分にもいくつかの断片的な条里地割群がある。

　矢田川のすぐ南側一帯が旧山田郡であるが、この付近の地割群が先に述べた問題のある形状の地割群でもある。典型的な一町方格が見られる部分もあるが、図32の熱田台地北西方のように、一町間隔の小道や溝などが明確に見られるにもかかわらず、それが方格状を呈していない部分や、一町方格の内部が典型的な条里地割とは少し異なるもの等も含まれている。この部分では、近世における洪水被害の復旧に際して、一町方格や一町間隔を基礎としながらも、条里地割とはやや異なった土地区画が採用されたと考えられるところである。

　図32の東南隅付近が旧愛知郡である。旧愛知郡一帯では、洪積台地の小規模な開析谷や天白川沿いの小さな谷底平野に断片的な条里地割群が見られる。天白川沿いでは、条里地割群の方位が傾いた断片的分布となっている。

　さて、尾張の平野部では全体として、東北部の木曽川扇状地や木曽川に近い部分にほとんど条里地割の分布が見られない。また、地割形態そのものも東部の方が、一般に条里地割の形態をよく備えている場合が多いことが知られる。すでに八・九世紀における木曽川の洪水関連の史料を紹介したが、おそらく類似の破壊的な大洪水に襲われる確率の高かった平野西部が、条里地割群の存続を妨げられた可能性が高いと思われる。

　しかも自然堤防帯では条里地割群の規模が、微地形条件に規制されて、後背湿地の規模に近似する例が多く、相互に自然堤防によって隔絶されているのが一般的である。自然堤防などを介在して二分の一から三分の一丁程度の、一町方格網の齟齬が見られる例も多かったことが知られる。

自然堤防帯でなくとも、灌漑用水が得られる洪積台地上や、洪積台地の開析谷、小河川の谷底平野など、一連の条里地割群の規模が、やはり地形条件に規制されて相対的に小さいことが特徴といってよい。

つまり図30で確認した、青木川・五条川間に存在したような条里地割群の在り方は、少なくとも尾張平野部では例外的でなく、むしろ典型的な状況であったことが知られることになる。

(2) 小条里地割区と微地形条件・開拓単位

この図30や図32で確認されたような、比較的まとまりの良い一群の条里地割群を、議論の便宜のために「小条里地割区」と呼ぶことにしておきたい。この表現からは当面、あまりに小さい断片的な条里地割群を除いておくことにしたい。この表現によれば、例えば図30の範囲には、少なくとも四つの小条里地割区と、いくつかの断片的分布が見られると表現することになる。これらの小条里地割区は、比較的大きいものでも東西一〇町ないしそれ以下、南北一〇—一五町程度であることが多いとみられる。これを面積で表現すると一〇〇町程度の規模が多いことになる。これは一方で尾張平野の自然堤防帯の場合、一つの標準的な規模の後背湿地部分における、水田面積に類似する規模でもある。換言すると、自然堤防を介して別の小条里地割区が存在することが多いということでもある。

一〇〇町といえば、条里プランが完成した八世紀ごろに、北陸の東大寺領荘園となった、地元豪族の寄進墾田の面積が思い出される。東大寺領越前国足羽郡道守村の一部となった生江臣東人の寄進墾田の面積、東大寺領越中国砺波郡井山村の核となった砺波臣志留志の寄進墾田の面積が、いずれも一〇〇町であったことが知られているからである。この場合は区切りのよい数値という意味もあった可能性もあろうが、一つの開拓単位のいわば標準であったとみられる可能性もある。一つの開拓単位とは、開拓計画、開拓主体、あるいは開拓が一連の時期であったなどのいずれか、ないしいくつかの要素による共通性を持った単位とでも見るべきであろう。

先に述べた生江臣東人や砺波臣志留志の寄進地のみならず、八世紀に成立したことが知られる東大寺領荘園の場合、荘園成立の時点で、ほとんどが五〇―二〇〇町の面積であることが知られる。先に述べたように荘園の占定と開拓・経営に、越前国や越中国の国司や機関が関与していたことも知られている。つまり、一〇〇町程度ないし一〇〇町前後の規模は、当時に多かった開拓規模であり、開拓単位であった、と見てよいと考えられることになる。

尾張国の場合、先に挙げた九世紀の弘福寺領は、律令の条里プランの基本手続に従って八世紀の班田図との照合をしているが、いずれにしても小規模であった。この手続きに適合するような条里地割が形成されたとしても、きわめて断片的なものであったが、郡全体の条里プランと適合的であったはずである。

5 小条里地割区

(1) 荘園管理と小条里地割区

一二世紀に時期は下がるので単純な比較はできないが、さらに尾張国の例をいくつか見ておきたい。前述の醍醐寺領安食荘はきわめて広大であった。しかし荘園支配が一円化する以前の段階の荘園なので、所領の内訳は権利が重層して複雑であった。国図の条里プランの一例として、先に書式を検討したように、やはり国府所管の国図を基準とした権利確認の手順が踏まれていた。康治二年(一一四三)「安食荘立券文」は、表題において「御庄領四至内田畠検注帳案」とされているように、多様な所領の部分的な権利関係によって構成されていたことが知られる。その冒頭の総括では、「定田百四町三段三歩」、「畠地百廿八町六段小」、「荒野四百卌四町二段六十歩」、「原山百八町」などからなっていたことを記している。仮に、単純に田の面積だけを見れば、やはり一〇〇町程度の範囲に含められる。この検注帳案における、郡司の確認を受けて国司が関わるという手続きが、典型的な国図の条里プランの段階のそれであったとみられる。このような異なった権利関係を確認する必要が、現地との照合・確認を明確化する方向で、条里地割の形成に結びついた可能性がある。ただしそれは、律令の条里プランを踏まえた条里プランによって、田畠の位置と形状を確認できるものであることが重要な意味を持っていた段階であったとみられる。

さらに時期は遅れて一四世紀の例であるが、富田荘は一円化された荘園の典型であったとみられる。嘉暦二年（一三二七）の円覚寺蔵富田荘古図に表現された条里プランは、まさしく荘園の条里プランの段階であるが、荘域の中心に一二ヵ里分の方格群を描いている。荘園の条里プランの段階では、特定の荘園だけに完結した条里プランであっても、内部管理において問題は起こりにくいので、最も小条里地割区の形成に結びつきやすかった状況があった可能性がある。事実、富田荘付近の条里地割は、海部郡に展開する条里地割群と方位を異にした小条里地割区である。しかもこの条里地割群も、図26の下図のように、内部はさらに数群のより小さな小条里地割区からできているとみられる。

荘域中心部分の一二ヵ里分の面積は、単純計算では四〇〇町以上になるが、内部の土地利用は資料がないので不明である。少なくとも集落を含んでいることは描かれているし、比率は不明であるものの、畠や荒地も含んでいたと思われるので、実際に存在した田の面積を想定すれば、これよりかなり少なくなると考えられる。しかもすでに述べたように洪水の被災が多かった地域であり、本来の開拓にかかわる単位のほか、洪水後の再編などの単位がさらに複雑に入り組んでいたとすれば、実際の条里地割群によって確認されるように、内部はさらに複雑となろう。

いずれにしても同じく荘園とはいえ、多様な状況を同列に論じることはできない。先に述べたような安食荘の坪付け史料は国図の条里プランの土地管理の段階を示す。また富田荘古図は荘園の条里プランの時期に相当し、一円化した荘園内部の土地管理の状況を反映している。それぞれの段階で、条里地割の形成が進んだ可能性があることは確かであろう。

（2）　小条里地割区の形成過程

土地管理の方法の変遷による、これらの複雑な条件と、すでに述べた洪水の多い地形条件が重なって、図32のような条里地割の分布となった、と考えられる。

そこで、小条里地割区が成立した要因ないしその過程について、可能性の推定を含めて整理を試みると次のようになる。律令の条里プランの段階にあっても、次のA、Bのような可能性があり、国図・荘園の条里プランの段階ではCの可能性がある。さらに、近世・近代においてもDの状況が考えられる。

A　条里呼称法導入によって条里プランが完成した八世紀中ごろ以前において、すでに条里地割ないしこれと近似した形態の地割が存在した場合、統一的な条里プランと無関係に条里地割の方格網が造成されていたことになる。

この場合、統一的な条里プランを編成しても、そのなかに完成以前の地割群が、小条里地割区として存続する可能性がある。

この場合の成因をさらに分類すると、

ⓐ開発の単位、

ⓑ地割施工の単位、

ⓒ施工時期の違い

等のさまざまな契機によって、小条里地割区に結びつく条里地割群が成立した可能性がある。

B　八世紀中ごろの条里プラン完成以後に開発が進展し、条里地割が施工されたか、あるいは地割が再編されて条里地割が形成された場合、小条里地割区に結びつくような不整合は基本的には起こらなかったはずである。

しかし実際には、

ⓘ測量技術あるいは施工技術の限界から生じた誤差、

ⓡ地形的障害ないし灌漑の利便性から生じた食い違いや方向の差異、

等が小条里地割区に結びついた可能性がある。

C　一〇世紀ごろからの国図の条里プランの段階においても、類似の想定をして問題がないと思われる。しかし一二世紀頃以後における荘園の条里プランの下では、荘園単位での条里地割が施工された可能性があるので、状況が大幅に異なる。すでに富田荘について富田荘古図の表現と現地の条里地割について述べたように、個別の荘園の範囲そのものが、小条里地割区の形成に結びつく可能性がある。

D　自然的要因および社会的要因による場合。つまり尾張のような、洪水による荒廃や堆積が起こりやすい条件の場所において、復旧作業として条里地割の再施工もしくは復原などを行う場合。あるいは用水不足の場所において、その克服のための用水建設に伴う区画工事を実施する場合、二次的に条里地割群の不整合が起こる可能性があり、やはり小条里地割区の出現に結びつく可能性が高い。

実際に、現地における個々の条里地割群においては、これらの要因がいくつも発生したとみられる。条里地割群そのものに、このような状況が重層して発生し、小条里地割区の形成に結びついたことになろう。その結果が図32のような条里地割分布に反映していることになろう。尾張における条里地割の分布は、このような地形環境と歴史的経緯によって形成された条里地割群＝小条里地割区が広く展開しているという特徴があるといってよい。

（3） 条里プランと条里地割

条里地割が小条里地割区として分布する状況は、ここに述べた尾張国が極めて典型的である。しかしこれは例外的な現象でなく、どこの条里地割分布地においても広くみられる状況である。例えば、現地や空中写真などにおいて一見すると、連続的に一面に条里地割の分布が広がるように見える奈良盆地や京都盆地においても、基本的に同様である。連続的な方格網が、詳細に検討すると実際には、各種の齟齬を伴った方格群によって構成されており、言うならば小条里地割区のパッチ状の組み合わせになっている場合が多いのである。

すでに述べたように、律令の条里プランの段階で基本が形成された条里地割であっても、さきに述べたA・Bのような可能性があり、国図の条里プラン・荘園の条里プランの段階でもCの可能性がある。さらに近世・近代にいたっても、典型的にはDのように小条里地割区の形成が進んだ可能性がある。条里地割群が基本的に小条里地割区の集合であることは、尾張であれ、大和や山城であれ、あるいは讃岐や越前であれ基本的に同様である。

ところで、近世・近代のD段階では、条里地割が存続しているものの、土地管理の手段としての条里呼称法は既に使用されていない。条里呼称法由来の○里・○条や、○坪といった字名ないし小字地名が使用されていたとしても、土地管理法の体系としての条里呼称法ではない。その意味では、条里地割と条里呼称法の二つの属性によって定義した条里プランの用語は、この段階ではもはや該当しないことになる。単に土地区画としての条里地割が、土地所有・水田経営の単位、あるいは土地利用の単位として継続して存在する、と見るべきである。

以上のように見てくると、土地計画としての条里プランは、図27に要約したように、完成した段階の「律令の条里プラン（八世紀中頃—九世紀頃）」、それに続く「国図の条里プラン（一〇世紀頃—一二世紀頃）」、さらに続く時期の「荘園の条里プラン（一三世紀頃—一六世紀中頃）」の三段階を経て終焉したことになる。従ってこの間、土地計画としては、条里プランは変容を経つつも持続したことになる。

但し、律令の条里プランの完成以前には、試行的あるいは先行的な方格による土地管理法が存在した可能性がある。すでに述べたように、大和、摂津、讃岐等の国々では、一町の方格網と、それに対応した小字地名的名称による土地管理の段階が確認ないし推定された。

一方近世・近代では、条里プランの一つの属性であった条里地割が、洪水や再施工などによる変化を受けつつも持続して展開したことが知られることになる。ただしこの段階では、地割形態としては継承されていた部分があったとしても、すでに全体的な土地計画としての役割は終えていたことになろう。

結びに代えて——ある竿師の物語

倉橋部乙麻呂（仮名）は、平城京の民部省に出仕する下級官人の家に生まれた。家は平城京右京二条三坊にあり、本籍もまたそこにあった。南へ七キロメートルほど行った奈良盆地の中央付近に、律令の制度によって口分田が班給されていた。父と自分の分が各二段（〇・二四ヘクタール）、母と姉の分がその三分の二、家族のために昔から働いている男女各一人の奴婢の分が、二段と一段一二〇歩のそれぞれ三分の一、であった。乙麻呂は幼いころから面積や数の記憶がよく、計算がうまくて、このような口分田の面積の合計はもちろん、それに対して土地税として課される、租稲の量の計算などが得意であった。

乙麻呂はいずれ父と同じように、自分も役所に出仕することになると思っていたが、父母の期待は乙麻呂の特技を生かすことができるようになることであり、やがてそれが自分自身の目標ともなった。とくに父が出仕する民部省には、主計寮や主税寮という役所があって、それぞれ竿師《さんし》という専門職を二人ずつおいているという。主計寮では、交易による物品や諸国からの貢進物の整理・記帳、ならびにそれらの官途の利用に供するために、いろいろな役所に配分するための計数が職務だという。主税寮では、倉への税物の収納や、出挙《すいこ》・舂米《つきよね》などの出納のための計数・記録が主要職務であった。出挙は春に種モミを貸出し、秋に利息を付けて戻させるもので、収納したモミが古くならないように更新するためにも重要だという。舂米とは精米した米であり、そのための出納であろう。

漠然とではあるがそのようなところでの職務を想像していた。しかし主計寮と主税寮を合計してもわずか四名に過ぎないという、竿師のポストに着くことが容易であるとは思っていなかった。このほかに、大宰府という、平城京ではなく西海道にある役所にも竿師一人がおかれていると聞いたが、遠く平城京を離れた西海道の大宰府については全く知識がなかった。

もともと、班給された口分田や、その剰余の田を有料で貸すという賃租に出した乗田、という二種類の耕地が、一般的な田の在り方であった。ただし、一部の寺社の寺田や神田には例外があって、班田収授の対象から外されていた。ところが、養老三年（七二三）の三世一身法《さんぜいっしんのほう》によって、期限が設けられているとはいうものの、墾田《こんでん》という制度が始まった。さらに天平一五年（七四三）の墾田永年私財法によって期限の制約が外されると、墾田というまったく私有の田地が認められるようになり、田の在り方の状況が大きく異なることになった。

とりわけ墾田永年私財法は大きな転機であった。それまでの田の大勢を占めた口分田と乗田に加えて、墾田が飛躍的に増加したからである。平城京はもちろんのこと、各地の有力者は、とりわけ墾田の獲得に奔走した。

墾田という農地の種類が設定されるまでは、班田収授に際しての作業はさほど困難ではないと思われた。班田に先立つ、校田と呼ばれた作業によって田の所在地とその面積を確認しさえすれば、あとは規準に従って班給するだけであった。もともとは、校田と班田を合わせても、戸籍を造る手続きより短期間に実施できるとされていたという。校田によって確認された田を、戸籍に記載された男女・年齢の違いや、良民か奴婢かの違いによる、口分田の割り当て基準に従った面積によって配分すればよいだけである。

有能な竿師であれば、きわめて単純な作業でしかなかったと思えるし、乙麻呂にもできそうであった。要するに、存在する田を戸籍の基準に従って再配分するに過ぎないので、仮に新しい口分田の所在地が、それまで班給されていた場所と異なることになることになったとしても、規定に従った再配分が行われておれば問題は大きくないと思われた。

しかし、墾田が認められたとなると、状況は全く別になると思われた。私有の墾田と、口分田や乗田などの、直接的に国家が管理する田とを、明確に識別して確認し、それを記録する必要が生じ、校田の際にも再確認が必要となったのである。当然のことながら、校田と班田の作業量あるいは事務量が著しく増大したという。

乙麻呂には、急速に煩雑化した校田と班田の手続きに対応するために、竿師の責務もまた急速に高まると思われた。

このような状況の中でさらに、主計寮や主税寮のみならず、天平二〇年（七四八）に新設された造東大寺司においても、竿師が採用され始めた。造東大寺司とは東大寺の創建とその運営基盤の形成のための新設の官司であり、多くの官僚を擁していた。東大寺そのものは天平勝宝元年（七四九）、新たに四〇〇〇町もの墾田所有の枠を得て、各地に墾田を設定し始めたという。これについても、やはり造東大寺司が関わることとなった。造東大寺司の竿師は、このような墾田の所在地占定や面積の確定についても、実務上の技能によって重要な役割を果たすと思われた。

東大寺は例えば、墾田所有枠を得た天平勝宝元年から阿波国名方郡の新島地というところに、すでに開拓するための未開地を占有していた。それを開拓して耕地化する作業が進んだようで、同八年一一月にその状況が報告されたという。造東大寺司からは検田使が出向いて確認したというが、その中に竿師が含まれていた。この竿師は従六位下の位階を持った人物であるという噂であった。竿師という職務が、技能さえ備えていれば、かなりの位階を有した人々の中からさえ選ばれる場合があることの反映であろうと、乙麻呂には思えた。

しかもこの前の年には、さらに大きな情報が飛び込んできていた。天平勝宝七歳（七五五）は班田収授が行われる年だというが、その年の九月に多くの竿師が班田司として任命されたというのである。畿内の各国に、それぞれ担当の准判官一人および史生《ししょう》各一〇人とともに、竿師各四人が任命されたとの情報であった。大和国だけは、平城京の左右京とともに、二分されてそれぞれが一国扱いであった。この折に任命された畿内各国の竿師だけで、計二〇人にも及んだという。

主計寮や主税寮および造東大寺司に加えて、これら班田司を加えれば、竿師とは非常に需要の多い職務のようであり、ポストも増えていることになる。乙麻呂にとっても実際に竿師に就任できる可能性が出てきたように思えた。竿師は、口分田の計算や、現地での所在や面積の確認などについて、史生とともに具体的な職務の遂行にあたるのだという。

この折に任命されたのは、准判官・竿師・史生など、各地での実務担当者であったが、そのほかに、国全体の班田を管轄する責任者として長官・副長官なども任命されるというが、それらの高官については、別途任命されるという話であった。

乙麻呂はやがて期待通り、能力を評価されて、新設の造東大寺司に竿師として採用された。造東大寺司に出仕すると、その管轄ではないものの、墾田永年私財法の施行以前から、有力寺院などの田野の占有が増大して問題視されていたことが耳に入った。さらに、讃岐国山田郡の弘福寺領における、校班田に関わる情報が、竿師である乙麻呂の元にも伝わってきた。

弘福寺は讃岐国山田郡に二〇町の寺田を有していたが、これ自体は、和銅二年（七〇九）には既に存在した、古くからの寺田であったという。天平七年（七三五）には寺田を描いた荘園図も作成され、多色で描かれた美しいその地図を、造東大寺司の同僚は飛鳥の弘福寺で見たことがあるという。それによれば寺田は、山田郡西端の香川郡とのまっすぐな境界線の、ちょうど東側に接して存在した二ヵ所からなっていたという。その地図では、寺田の所在面積が、それぞれに名称がつけられた面積五〇

○東代（一町）の方格綱の中に記されているという。その寺田をめぐって、校班田の際に事件が発生したという。

その事件に先立つ天平宝字四年（七六〇）正月、典薬頭《てんやくのかみ》が南海道巡察使に併任されて、讃岐国を含む南海道諸国へ出かけたということは、造東大寺司などの諸官司にも伝わっていた。しかもこの際には、通常の巡察使の職務に加えて、特に校田実施の責任も負っていたという。典薬頭は典薬寮の長官であり、もともと校班田が専門ではない。とすれば当然ながら、実務の遂行のために、竿師等の技術者を伴って任に赴いたものであろうと思われた。

校田のためには、田地の所在調査と、その記録との照合がすべての基本となる作業である。この折の南海道巡察使がどのように具体的に職務を進めたかは伝わってはいないが、校田実施に際しては、当然規定に従って、班田農民の手がすく農閑期になってから作業を開始したものであろう。そのためには南海道各国にそれぞれ竿師等の実施担当者を派遣し、早ければ、任命された天平宝字四年の一〇月から作業を開始したものと思われる。その完了は、通常であれば翌年春である。

讃岐国山田郡では、天平宝字五年に巡察使が校田をした結果を受けた経緯を郡司が讃岐国に報告したという。それによれば、川原寺（弘福寺）田と混じりあう形で、一町四段余の校出田、つまり余分の田を検出したと巡察使が報告したので、次の班田の際にそれを口分田として班給したという。ところが天平宝字七年一〇月末頃になって、寺田が口分田とされたことを弘福寺が抗議してきたので、再検討した結果、国府からの通知によって班給を停止し、寺田に戻したというのである。

校田や班田の年次を、行政的には手続きを開始した年とするので、校田が天平宝字五年から翌年にかけての農閑期、班田が同六年から同七年にかけての農閑期、弘福寺からの間違いの訴えが同七年の一〇月末、それによって訂正、といった経過であったという。

竿師としての乙麻呂から見れば、この過程には理解しにくい点がある。まず校田の年次であり、どうして典薬頭が巡察使に任命された年でなく、その翌年なのかという点と、どうしてそのような間違いが起こったのかという点の二つである。

このうちの校田の年次については、条里と呼ばれる方格状の土地計画の実施のためであるとすれば、それに農閑期一回分くらいの期間を要するとは、乙麻呂も聞いたことがあった。条里とは、郡を単位とした、面積一町の方格網を基礎とした土地計画の在り方である。面積一町の各方格を坊と呼び、その方格が縦横六ずつからなる正方形を里と称し、里の帯状の列を条と称するのである。基本的には、条、里、坊にそれぞれ番号を付けて、〇〇国〇〇郡〇条〇里〇坊と記せば、具体的な場所との照合が可能となるのである。このような様式を編成して校田に臨むとすれば、併せて二回の農閑期、つまり二年を要することは理解ができることであった。つまり讃岐国では、この際に条里の編成が行われたのであれば二年は必要不可欠な期間であったと思われる。

この条里という土地計画は、編成された後、それによって班田結果が記された班田図が造られるのが、これまでの一般的な経過であった。この班田図が後にもしばしば参照されたので、最終的確定は班田図の作製年であることになるという。とすれば讃岐国では天平宝字六年ということになり、多くの国々の通常の班年より一年遅れていることになる。班田図の最も早い例は、山背国などの天平一四年（七四二）であるという。讃岐国が天平宝字六年ということになれば、その直近では越前国などの天平勝宝七歳（七五五）班田図が知られていたから、讃岐国はこれらよりかなり遅れた完成であったことになる。

しかし、より大きな問題はもう一方の点である。竿師の技術が未熟であれば大いにありうるが、そうでないとすればやはり疑問である。原因がどこにあったのかは知らないが、乙麻呂の立場からしても、次のような可能性はあると思われた。

一つは、新しく編成した条里と呼ばれる土地計画による田の標記と、以前からの書類によるものとを照合することの困難さである。とくに山田郡の弘福寺田の場合、条や里や坊の番号は付していなかったが、すでに方格網による寺田の所在地の標記は地図としても存在していた。ただし、現地に図上の方格線に相当する径や溝があったわけではなく、また田にも畠にも、同じく稲や麦などの穀物を栽培していたことが多いので、弘福寺田内部のみにおける把握状況を、山田郡全体の新しい条里の方格網に位置付ける困難があったかもしれない。

いま一つの可能性は、校田の際の基本的方針である。校田手続きそのものは定まっているが、責任者である校田担当の巡察使が竿師等の現地実務担当者に対して、可能な限り校出田を見つけ出すように指示していたとすれば、このような結果が出現した可能性はあると思われた。つまり責任者が、有力寺社の多くが田野を占有することに対して、批判的な姿勢であった場合である。特にこの山田郡弘福寺田の場合、弘福寺田が一町方格内の全部を占めていない区画にだけ、校出田が記録されているというのである。もし逆に、寺田を確保・保護する姿勢で臨んだ場合、このような形での校出状況とはならないと思われた。

竿師としてはこのような場合、責任者の基本方針に従わざるを得ないだろうというのが、乙麻呂の感想でもあった。

乙麻呂が新任の竿師としての情報収集と修練に励み、また造東大寺司の日常業務に携わっているうちに、北陸道の越前国と越中国における、東大寺の墾田地の占定と墾田の確定業務が大々的に始まった。これにはまず、天平感宝元年（七四九）に東大寺僧平栄が占墾地使僧として出向き、越前国と越中国において、両国の国司の協力を得て墾田用地の占定を行った。

一〇年ほどを経た天平宝字三年（七五九）、この時に占定された場所における開拓がある程度進行した段階で、今度は造東大寺司から造寺判官と先輩の竿師が派遣され、東大寺からも改めて佐官法師平栄など三人の僧が派遣されることとなった。出発の儀式には乙麻呂も造東大寺司竿師として参列した。

一行は、越前国足羽《あすわ》郡糞置《くそおき》村、越中国射水《いみず》郡須加・椋田《くぼた》、同国砺波《となみ》郡伊加流伎《いかるぎ》、同国新川郡丈部《はせつかべ》・大薮《おおやぶ》など寺田や寺野の確認を行い、条里による土地計画に従ったこれらの開田地図を作製した。天平勝宝七歳（七五五）には、越前・越中の両国とも、条里の土地計画は完成していたことになる。いずれの開田地図にも、三人の僧と、造寺判官ならびに竿師が署名し、在任の国司も署名をした。いずれも当然のことながら、すでに作製されていた天平勝宝七歳の班田図を基図としたと思われるが、坊ごとに寺田・寺野の面積を標記し、全体の合計面積と四至を記載したものである。これらが東大寺へ送上されたとき、開田地図の署名の冒頭に先輩の竿師の名があることに驚いた。実際に竿師が、開田地図の作製に主導的役割を果たすとはいえ、その名を見つけた時には、同じ竿師の一人として、乙麻呂もまた大いに光栄に思ったのも事実であった。

やがて乙麻呂もまた、先輩の竿師と同じような東大寺領の開田地図作製にあたることとなった。乙麻呂はすでに、竿師でありながら造東大寺司の実務担当責任者の一人である史生を兼ね、正八位上という位階も得ていた。ただし今度の派遣は、越前国が東大寺へと送上する国司解《げ》という報告書に記す内容、並びにそれに添付する開田地図の作製に際して、それに対する検田使としての派遣であった。東大寺領に関わるいろいろな問題についての整理・解決とその報告が求められていたのである。開田地図の作製に関わったのは、在任の国司のほか、検田使としては、東大寺僧三名と造寺司判官、それに竿師・史生である乙麻呂であった。天平勝宝七歳の班田図を基図とした、天平宝字三年の開田地図がすでに作製されているのであるから問題は少ないように思えたが、実際には乙麻呂は、極めて複雑な状況に直面せざるを得なかった。

とりわけ複雑だったのは、越前国坂井郡高串村であった。もともと同村は東大寺に設置された大修《おおす》多羅衆《だらしゆう》の経費に充てる荘園として、東大寺が購入したものであった。しかしながらいざ所有確定の作業を始めると、書類手続きの不備あるいは現地での所在確認の困難さによって、実に複雑な様相を呈し、容易に進まなかった。

高串村の東大寺田は、もともと高椅連《むらじ》縄麻呂という人物の墾田であった。それが天平勝宝九歳（七五七）に間人宿禰《はしひとすくね》鷹飼《たかかい》の手にわたり、さらにそれを東大寺が、天平宝字八年（七六四）に買得したものであった。この際の東大寺の買得については、それに越前国公験《くげん》が作成されて、権利が保証されていた。すでに越前国では、天平勝宝七歳の班田図によって条里による土地計画が完成していたし、次の班田収授の結果を標記した天平宝字五年（七六一）班田図も存在した。従って天平宝字八年（七六四）の買得は、次（七六七年）に予定される班田図に反映されるべきものであり、正当な売買であった。

ところが、縄麻呂から鷹飼への所有権の移動は、それ以前の天平勝宝七歳班田図に反映されていないのは当然であるものの、それが反映されているべき天平宝字五年（七六一）班田図にも反映されておらず、同年の田籍にも縄麻呂の所有のままとなっていたのである。しかも天平宝字八年の公験と比べてみると、所在地の条、里、坊の番号まで異なっていたことが知られた。このような状況のままでは、東大寺の買得の公験の確認をすることができないといった事態であった。

しかもこの場合にも、讃岐国山田郡の弘福寺田と類似の事態が発生したことが知られた。天平宝字五年の班田収授に先立つ、その前年の校田の際、校田駅使がこの付近の田を単なる新田として公田の目録に入れたので、翌天平宝字五年の班田収授の際に口分田として班給した、という経緯があったのである。

そこで帳簿を改めて、班給された口分田を寺田に戻し、口分田の代わりには乗田を充てて代替した。しかしそれでも確認できない部分があって、それについては、東大寺が再度購入することとなった。乙麻呂は天平神護二年（七六六）、この経緯の結果を標記した高串村図を完成した。同図には、西側の三里浜砂丘の植生やその麓のいくつかの泉、さらには東側の串方江などが描かれているが、田籍の記録と条里の方格網に合わせた表現に腐心した。

このような紆余曲折の背景には、越前国における、条里と呼ばれる土地計画の編成の時期とその不正確さとが、ともに作用していたことも乙麻呂は痛感した。その一般的背景は、まず次のような状況であった。

天平勝宝七歳（七五五）班田図によって、条里と呼ばれる土地計画は完成した形となっていたが、越前国のそれはやや特殊な呼称体系となっていた。まず各郡の中央付近で直交する基準線を軸に方格網を展開し、郡全体を基準線によって四象限に区分したのである。条と里の編成の規模や形状は標準的であるが、東北、西北、西南、東南の各象限ごとに、中心から外側へ条と里の番号を付し、坊にも同様の千鳥式坊並みを付したのである。里には、番号だけでなく固有名詞も付された。各坊に小字地名的名称が付されていることも、一般的状況であった。

このような土地計画の体系自体に問題があるわけではないが、高串村のある坂井郡の場合、高串村が基準の交点からみて西北部に属すものの、その遥か西の端にあたることが大きな問題であった。しかも郡の主要部からは、九頭竜川《くずりゅうがわ》下流の広い河道と川沿いの湿地によって隔てられていることになる。

時期から見れば、天平勝宝九歳（七五七）に売却した縄麻呂の墾田は、もちろん天平一五年（七四三）の墾田永年私財法施行以後の開拓であるが、天平勝宝七歳の班田図作製以前からの開拓努力の結果であった。当時の越前国ではまだ、条里による土地計画は完成していなかったので、縄麻呂とその墾田を確認した郡司は、ほぼ南北方向に延びているように見える三里浜砂丘を基準にして、その届け出を出したものであろう。一方で縄麻呂は、歳を重ねて農作業が苦しくなったので、墾田を鷹飼に譲って隠居した。

ところがこの譲渡が天平宝字五年班田図には反映されず、譲渡以前の縄麻呂の墾田として標記された。それもすでに述べたように、方位すら不正確な状況であったので、どうしても不正確なままの標記とならざるを得なかった。

従って不正確さという点では、依然として田の所在確認に問題があったことになる。天平宝字四年の校田の際には、正確な所在が確認できずに、高串村の田地の多くが単なる新田とされた。それが翌五年の班田の際に口分田として班給されたので、天平宝字五年班田図にはこれが反映されているのである。

ところが一方では天平宝字八年に、東大寺が墾田を鷹飼から買い取って、その公験が作成された。しかし鷹飼の買得地の所在自体が不分明なままであったので、東大寺の買得も、越前国が保証したにもかかわらず、そのまま有効とはならなかった。天平神護二年には、東大寺による買得田の一部が改めて認められて寺田とされたものの、確認できなかった部分については、東大寺が再度買得することとなった。

乙麻呂はこの折、足羽郡の道守《ちもり》村や糞置村についても同様に確定作業を進めたが、高串村の場合とは異なるものの、いずれにも課題があった。

道守村の場合、船越山などの山々（足羽山）の西側の低地部分にあり、北を生江川（足羽川）、西を味間川（日野川）に囲まれていた。東南の隅付近から流れ込む二本の幹線用水溝があり、東側の溝の途中には寺井《てらい》堰《せき》がもうけられ、西側の溝は寺溝と称されて三本に分かれていた。寺井堰の東側には、山に囲まれるようにして柏沼があり、中央付近の南よりには上味岡と下味岡があるという状況であった。

問題の一つは、所有者の異なるいくつもの墾田が東大寺領と混在していることであった。もともと東大寺領道守村は、乙麻呂と同じく造東大寺司の史生でもあった地元豪族、生江臣東人《いくえのおみあずまひと》による、彼の墾田が寄進されたものを基礎としていた。しかしほかにも大小の墾田があり、中でも柏沼付近を中心に広がる田辺来女の墾田が広大であった。東人の墾田も、また来女の墾田も、いずれも高串村の基礎となった縄麻呂の墾田と相前後する時期に拓かれたものであったという。

ところで田辺来女とは、女性の名前であるが、元越前国司であった上毛野公《かみつけののきみ》奥麻呂の夫人であり、平城京に住んでいた。来女の墾田とは、奥麻呂が国司在任中に開拓したものを来女の名義としたものであった。奥麻呂は当時、少目《しようさかん》として越前国司の一人であった。守《かみ》には、藤原薩雄《さつお》次いで辛加知《しかち》が就いた時期であった。彼らの父であった藤原仲麻呂の乱のあと、奥麻呂もこれに連座したので、来女の墾田も没収されて没官地となると思われた。そこで東大寺は、それを寺領に編入すべく、道守村開田地図に合わせて標記するように求めたのである。

もう一つの問題は、東大寺領道守村が足羽郡条里の西北に属し、その西端に近い位置であったことであり、これらのいくつもの墾田は、成立時にそれぞれ別個に所有が申し出られていたことであった。それらの確認のために、足羽郡司や越前国司は公験を作製し、権利を保証したが、個別に地図を作っていた場合もあった。それにしても高串村の例ほどではないにしろ、不正確となることは避けられなかった。

道守村開田地図の場合もまた、高串村図と同様に山の描写や川の表現など、絵師によって非常に写実的に仕上げたものであった。条里の各方格網の中には、乙麻呂自身が竿師として正確に確認して算出した寺田面積を標記した。ところが困ったことに、方格網に位置付けられる田と、岡などの地形の表現の位置とにずれが生じ、両者が重なってしまうといった、現実にはあり得ない状況が描かれている場合が生じたことである。例えば区画内のほぼ一杯に上味岡が描かれた場所など、本来はその方格内の一町すべてが寺田であるべきところであった。

このような細かな問題は含んでいるものの、開田地図の出来上がりは全体として素晴らしく、乙麻呂としても納得のいくものであった。

糞置村開田地図の場合も、丁寧に山々や木々が描かれ、新たに開拓された田も標記した。その出来上がりも、前任の竿師の天平宝字三年のものと比べても、なかなかのものであった。

これらには、在任の国司はもちろん、同行の検田使一同が、天平神護二年一〇月二一日付で越前国府において署名した。

乙麻呂は越前国での任を終えて、ほどなく平城京に帰任した。翌年は次の班田収授が始まる年の予定だから、それに関わる新たな業務が待っているはずであった。

あとがき

条里プランが古代日本を特徴づける、代表的な土地計画の一つであることは、研究者のみならず、古代史に関心を持つ多くの方々にとっても共通の認識であろう。

筆者にとっても、研究者の道を志した最初の論文、京都大学大学院文学研究科の修士論文以来の研究対象であり、その後も、条里プランについて多くの論文を公にしてきた。幸いにして、次々と新たな事実に遭遇してきた。それらの論文を取りまとめて研究書を公刊する作業も、可能な限り進めてきたつもりである。

とはいえ個別対象の論文やその論文集では、この壮大な土地計画の全貌を明示することは、必ずしも容易ではない。このことは同時に、古代日本に関心がある読者にとっても、条里プランについての包括的な知識を得ることはなかなか難しい、という状況を生んでいることにもなろう。

このたび、吉川弘文館のご配慮によって一書を著す機会を得たので、条里プランについて、特にその導入過程や、八世紀の多様な状況の諸相について、まとめてみたいと思った。

ところが、古代から残存する史料は断片的であり、相互の関わりも不明であることが多い。また、余りに広範に及ぶ土地計画でもあり、それに関わった人々も多いはずであるが、特定の人物の活動としては知りうる史料がきわめて少ない。

そこで注目したのが、この時期の遺存史料が相対的に多い古代寺院領であり、取り上げられることが少なかった、竿師という専門技術者である。本書ではこれらに焦点を当てることによって、当時の状況についての理解が深まるのではないかと考えた。

とはいえ、この試みが成功しているかどうかについては、心もとない限りである。丁寧な説明を心掛けたものの、それについても筆者の手前味噌に過ぎないかもしれないという不安感から逃れることはできない。

条里プランは、方格網という規則的形状を基本とするシステムではあるが、極めて広範に展開し、また条里地割は長期にわたって日本の農地を規制してきた形状でもあった。その結果、古代の土地計画でありながら、現状からの認識では極めて複雑な様相を呈することとなり、研究者であってもその全貌の理解は必ずしも容易ではない。本書によって幾分かでも条里プランの解明が進み、古代の土地計画についての理解が深まるということであれば、筆者としてこれほど幸いなことはない。

本書が、読者諸賢の知見の増加に、少しでも寄与することを心から願っている。末筆ながら、この機会をご提供いただいた吉川弘文館にお礼申し上げる。

二〇一七年秋

金田章裕

主要参考文献

（煩雑になることを避け、また検索の便宜のため、雑誌・報告書などの掲載論文が後に市販書に再録されている場合は、再録の市販書のみを掲げた）

全般に関わる史料集・図録等

東京帝国大学編刊『大日本古文書（編年）一―七』一九〇一―一九〇六年
竹内理三編『平安遺文　一―一二』東京堂出版、一九六四年
『日本古典文学大系　日本書紀　下』岩波書店、一九六五年
『新訂増補国史大系　続日本紀　前・後』吉川弘文館、一九六九年
『新訂増補国史大系　日本三代実録　前・後』吉川弘文館、一九七一年
『新訂増補国史大系　令集解　第一―四』吉川弘文館、一九七二年
池辺弥『和名類聚抄郡郷里駅名考証』吉川弘文館、一九八一年
東京大学史料編纂所編『日本荘園絵図聚影　一―五（七巻）』東京大学出版会、一九九五―二〇〇二年
東京大学史料編纂所編『日本荘園絵図聚影　釈文編一古代』東京大学出版会、二〇〇七年

はじめに

金田章裕『条里と村落の歴史地理学研究』大明堂、一九八五年
足利健亮『日本古代地理研究』大明堂、一九八五年
金田章裕『古代日本の景観―方格プランの生態と認識』吉川弘文館、一九九三年

国立歴史民俗博物館編『国立歴史民俗博物館研究報告（国府特集）』六三、一九九五年
木下良編『古代を考える　古代道路』吉川弘文館、一九九六年
金田章裕『古代景観史の探究―宮都・国府・地割』吉川弘文館、二〇〇二年
金田章裕『タウンシップ―土地計画の伝播と変容』ナカニシヤ出版、二〇一五年
金田章裕『古代・中世遺跡と歴史地理学』吉川弘文館、二〇一一年

一　律令の土地制度と条里プラン

虎尾俊哉『班田収受法の研究』吉川弘文館、一九六一年
岸俊男『日本古代籍帳の研究』塙書房、一九七三年
弥永貞三『日本古代社会経済史研究』岩波書店、一九八〇年
奈良県立橿原考古学研究所編『大和国条里復元図』奈良県教育委員会、一九八〇年
金田章裕『条里と村落の歴史地理学研究』大明堂、一九八五年
直木孝次郎編『古代を考える　奈良』吉川弘文館、一九八五年
金田章裕『古代日本の景観―方格プランの生態と認識』吉川弘文館、一九九三年
石上英一『古代荘園史料の基礎的研究　上・下』塙書房、一九九七年
金田章裕『古代荘園図と景観』東京大学出版会、一九九八年
永原慶二監修『岩波　日本史辞典』岩波書店、一九九九年
金田章裕『古代景観史の探究―宮都・国府・地割』吉川弘文館、二〇〇二年
金田章裕『古代・中世遺跡と歴史地理学』吉川弘文館、二〇一一年

条里制・古代都市研究会編『古代の都市と条里』吉川弘文館、二〇一五年

二　古代寺院領と条里プラン

虎尾俊哉『班田収受法の研究』吉川弘文館、一九六一年
谷岡武雄『平野の開発』古今書院、一九六四年
弥永貞三『奈良時代の貴族と農民』至文堂、一九六六年
京都府立総合資料館編『図録東寺百合文書』一九七〇年
林家辰三郎・藤岡謙二郎編『宇治市史一　古代の歴史と景観』宇治市、一九七三年
石上英一「弘福寺文書の基礎的研究」『東洋文化研究所紀要』一〇三、一九八六年
高松市教育委員会『讃岐国弘福寺領の調査—弘福寺領讃岐国山田郡田図調査報告書』高松市教育委員会、一九九二年
石上英一『古代荘園史料の基礎的研究　上・下』塙書房、一九九七年
国立歴史民俗博物館編『国立歴史民俗博物館研究報告（額田寺伽藍並条里図特集）』八八、二〇〇一年
山口英男「額田寺伽藍並条里図」金田章裕・石上英一・鎌田元一・栄原永遠男編『日本古代荘園図』東京大学出版会、一九九六年
金田章裕『古代荘園図と景観』東京大学出版会、一九九八年
佐藤信編『西大寺古地図の世界』東京大学出版会、二〇〇五年

三　初期の東大寺領荘園と条里プラン

金田章裕『条里と村落の歴史地理学研究』大明堂、一九八五年
荘園絵図研究会編『絵引荘園絵図』東京堂出版、一九九一年
金田章裕『古代日本の景観―方格プランの生態と認識』吉川弘文館、一九九三年
福井県史編さん委員会編『福井県史　資料編　一六下　条里復原図』福井県、一九九二年
金田章裕「越前国・若狭国の条里プラン」福井県史編さん委員会編『福井県史　資料編　一六下　条里復原図（解説編）』福井県、一九九二年
出田和久「摂津職島上郡水無瀬荘図」金田章裕・石上英一・鎌田元一・栄原永遠男編『日本古代荘園図』東京大学出版会、一九九六年
栄原永遠男「越前国足羽郡糞置村開田地図」金田章裕・石上英一・鎌田元一・栄原永遠男編『日本古代荘園図』東京大学出版会、一九九六年
石上英一『古代荘園史料の基礎的研究　上・下』塙書房、一九九七年
金田章裕『古代荘園図と景観』東京大学出版会、一九九八年
金田章裕『古地図からみた古代日本―土地制度と景観』中公新書、一九九九年
彦根市史編集委員会編『彦根市史　第一巻』彦根市、二〇〇七年
木原克司「古代阿波国吉野川中下流域の交通路と阿波国府」『鳴門史学』二七、二〇一三年
金田章裕「生江臣東人と景観史」『日本歴史　月報』一四、二〇一五年
金田章裕「東大寺領荘園と条里プラン」『論集　仏教文化遺産の継承―自然・文化・東大寺』東大寺、二〇一五年

金田章裕「東大寺領越中国新川郡大藪・丈部荘をめぐって」『史林』九九―三、二〇一六年
三河雅弘『古代寺院の土地領有と荘園図』同成社、二〇一七年

四　寺領荘園・条里プランと担当者

『日本古典文学大系　万葉集』一―四、岩波書店、一九五七―一九六二年
伊藤寿和「讃岐国における条里呼称法の整備課程」『歴史地理学』一二〇、一九八三年
山口辰一「高岡市常国遺跡」富山考古学会『シンポジウム　古代荘園遺跡が語るもの』一九九三年
金田章裕・石上英一・鎌田元一・栄原永遠男編『日本古代荘園図』東京大学出版会、一九九六年
金田章裕『古代荘園図と景観』東京大学出版会、一九九八年
金田章裕『古地図からみた古代日本―土地制度と景観』中公新書、一九九九年
大隅亜希子「算師と八世紀の官人社会」栄原永遠男編『日本古代の王権と社会』塙書房、二〇一〇年
金田章裕『古代・中世遺跡と歴史地理学』吉川弘文館、二〇一一年

五　尾張国の条里プラン

水野時二『条里制の歴史地理学的研究』大明堂、一九七一年
上村喜久子「尾張国三宮熱田社領の形成と構造」『日本歴史』二九四、一九七二年
弥永貞三・須磨千頴「醍醐寺領尾張国安食荘について」醍醐寺文化財研究所『研究紀要』五、一九八三年
金田章裕『条里と村落の歴史地理学研究』大明堂、一九八五年
金田章裕『古代日本の景観―方格プランの生態と認識』吉川弘文館、一九九三年

愛知県史編さん委員会編『愛知県史　資料編六―一〇（古代一・二、中世一―三）』愛知県、一九九九―二〇〇九年
金田章裕「条里と尾張・三河の条里遺構」愛知県史編さん委員会編『愛知県史通史編Ⅰ原始・古代』愛知県、二〇一六年

六　尾張国の条里地割

鏡味完二「尾張国丹陽村の土地割」『人文地理』四―一、一九五二年
弥永貞三「師勝町の水田の歴史」『師勝町史』一九六一年
名古屋市教育委員会編刊『樋口好古　尾張徇行記』一九六四年
水野時二『条里制の歴史地理学的研究』大明堂、一九七一年
亀田隆之『日本古代用水史の研究』吉川弘文館、一九七三年
井関弘太郎「自然堤防の形成について」『名古屋大学文学部三〇周年記念論集』一九七九年
井関弘太郎『沖積平野』東京大学出版会、一九八三年
金田章裕『条里と村落の歴史地理学研究』大明堂、一九八五年
金田章裕『微地形と中世村落』吉川弘文館、一九九三年
金田章裕『古代景観史の探究―宮都・国府・地割』吉川弘文館、二〇〇二年
金田章裕『古代・中世遺跡と歴史地理学』吉川弘文館、二〇一一年
金田章裕「条里と尾張・三河の条里遺構」愛知県史編さん委員会編『愛知県史通史編Ⅰ原始・古代』愛知県、二〇一六年

図 29　旧丹羽郡野寄村付近（金田章裕「条里と尾張・三河の条里遺構」愛知県史編さん委員会編『愛知県史　通史編 I 原始・古代』愛知県，2016 年）　197
図 30　岩倉付近の条里地割と微地形（金田章裕『条里と村落の歴史地理学研究』大明堂，1985 年）　199
図 31　丹羽郡三ツ井村地積図の概要（明治 17 年）（金田章裕『条里と村落の歴史地理学研究』大明堂，1985 年）　201
図 32　尾張国主要部における条里地割の分布（金田章裕『条里と村落の歴史地理学研究』大明堂，1985 年）　208

表 1　籍年と班年（虎尾俊哉『班田収授法の研究』吉川弘文館，1961 年）　9

荘図」『日本古代荘園図』東京大学出版会，1996年）　93
図15　高串村供分田地図の概要（金田章裕『古代荘園図と景観』東京大学出版会，1998年）　95
図16　高串村東大寺田の表示の変遷（金田章裕『古代荘園図と景観』東京大学出版会，1998年）　98
図17　越前国坂井・足羽・丹生郡の条里プラン規準線（金田章裕『古代荘園図と景観』東京大学出版会，1998年）　104
図18　越前国加賀・江沼郡の条里プラン推定規準線（金田章裕『古代荘園図と景観』東京大学出版会，1998年）　105
図19　道守村開田地図における絵図的表現の概要（金田章裕『古代荘園図と景観』東京大学出版会，1998年）　107
図20　明治42年地形図と道守村開田地図現地比定の説明（金田章裕『古代荘園図と景観』東京大学出版会，1998年）　109
図21　糞置村各坊の田積変化（金田章裕『古代荘園図と景観』東京大学出版会，1998年）　115
図22　石栗村・伊加流伎（伊加留岐村）・井山村各図の位置関係模式図（金田章裕『古代荘園図と景観』東京大学出版会，1998年）　122
図23　石栗村・伊加留岐村・井山村比定地付近の景観の概要（金田章裕『古代荘園図と景観』東京大学出版会，1998年）　123
図24　川原寺田所在坪の推定（金田章裕「条里と尾張・三河の条里遺構」愛知県史編さん委員会編『愛知県史　通史編Ⅰ原始・古代』愛知県，2016年）　165
図25　安食荘比定案（金田章裕『条里と村落の歴史地理学研究』大明堂，1985年）　174
図26　円覚寺領富田荘付近の条里プラン（金田章裕『微地形と中世村落』吉川弘文館，1993年）　182
図27　条里プランの完成・再編・崩壊のプロセス（金田章裕『古代景観史の探究』吉川弘文館，2002年）　183
図28　明治17年尾張国丹羽郡野寄村地積図（部分）（金田章裕「条里と尾張・三河の条里遺構」愛知県史編さん委員会編『愛知県史　通史編Ⅰ原始・古代』愛知県，2016年）　195

図表リスト

図 1　平城京の都市プラン（直木孝次郎編『古代を考える　奈良』吉川弘文館，1985 年　一部変更）　2
図 2　大和国添下郡京北班田図（西大寺蔵）における条里プランの条と里の表現（金田章裕『古代荘園図と景観』東京大学出版会，1998 年）　16
図 3　延久 2 年興福寺大和国雑役免坪付帳による城上郡および周辺諸郡の条里プラン（金田章裕『条里と村落の歴史地理学研究』大明堂，1985 年）　20
図 4　平安京と周辺 4 郡の条里プラン（金田章裕『古代景観史の探究』吉川弘文館，2002 年）　24
図 5　条里プランの典型（金田章裕『古代景観史の探究』吉川弘文館，2002 年）　37
図 6　額田寺伽藍並条里図の概要（金田章裕『古代荘園図と景観』東京大学出版会，1998 年）　51
図 7　額田寺伽藍並条里図比定地の景観認識の概要（金田章裕『古代荘園図と景観』東京大学出版会，1998 年）　53
図 8　山城国久世郡の条里プラン（復原は谷岡武雄による）　65
図 9　山背国久世郡弘福寺田と条里プラン（虎尾俊哉『班田収授法の研究』吉川弘文館，1961 年　を簡略化）　68
図 10　山田郡田図（北地区）の土地利用表現と実面積（金田章裕『古代日本の景観』吉川弘文館，1998 年　を改変）　74
図 11　山田郡田図記載寺田と校出田注文記載田の関係（金田章裕『古代日本の景観』吉川弘文館，1998 年　を改変）　79
図 12　讃岐国山田郡の条里プラン（金田章裕『古代日本の景観』吉川弘文館，1998 年　の一部）　84
図 13　近江国犬上郡条里プランと水沼・覇流荘　91
図 14　水無瀬荘図に描かれた範囲（出田和久「摂津職島上郡水無瀬

著者略歴

一九四六年　富山県に生まれる
一九七四年　京都大学大学院文学研究科博士課程単位取得
京都大学文学部教授、同大学院文学研究科長・文学部長、副学長、大学共同利用機関法人人間文化研究機構長を経て、
現在　京都大学名誉教授　博士（文学）
京都府立京都学・歴彩館館長

〔主要著書〕

『古代荘園図と景観』（東京大学出版会、一九九八年）
『古代景観史の探究』（吉川弘文館、二〇〇二年）
『古代・中世遺跡と歴史地理学』（吉川弘文館、二〇一一年）
『古地図で見る京都』（平凡社、二〇一六年）
『江戸・明治の古地図からみた町と村』（敬文社、二〇一七年）
『古地図からみた古代日本』（吉川弘文館、二〇一七年）

古代国家の土地計画
条里プランを読み解く

二〇一八年（平成三十）一月一日　第一刷発行

著　者　金《きん》田《だ》章《あき》裕《ひろ》
発行者　吉川道郎
発行所　株式会社　吉川弘文館
郵便番号一一三―〇〇三三
東京都文京区本郷七丁目二番八号
電話〇三―三八一三―九一五一〈代表〉
振替口座〇〇一〇〇―五―二四四番
http://www.yoshikawa-k.co.jp/
印刷＝株式会社 三秀舎
製本＝ナショナル製本協同組合
装幀＝渡邉雄哉

ISBN978-4-642-08328-7

日本地図史

金田章裕・上杉和央著　　四六判・四〇八頁・口絵四頁／三八〇〇円

班田図・荘園図・国絵図・鳥瞰図・伊能図・世界図…。日本に数多く残されている地図はいかなる目的で作製・利用されてきたのか。古代・中世の地図からデジタル・マップまで、日本地図の歴史を豊富な図版とともに解説。

古代の都市と条里

条里制・古代都市研究会編　　A5判・三五二頁／二八〇〇円

全国で国庁・郡家と呼ばれる古代の役所跡や水田遺構が発掘され、律令制下の都市づくりや土地政策の実態が明らかにされつつある。古代都城や地方都市、五畿七道の各地に光を当て、最新の研究成果をわかりやすく解説する。

条里制（日本歴史叢書）

落合重信著　　四六判・二八二頁・口絵二頁・地図三丁／二六〇〇円

「条里制とは何か」「条里制の歴史的意義」の二部に分ち、条里制を単に地割の復原に終らせることなく、これを生産力の問題としてその社会関係を追究し、古代史に組入れることに努力されたもので、著者積年の研究成果の集大成。

（価格は税別）

吉川弘文館